«En tu mano están mis tiempos».

SALMO 31:15, RVR60

Publicado por
Unilit
Medley, FL 33166

ENCUADERNACIONES
493860 Agenda 2026 Mujeres – Tapa Dura – Modelo 1 978-0-7899-2876-4
493861 Agenda 2026 Mujeres – Tapa Dura – Modelo 2 978-0-7899-2877-1
493862 Agenda 2026 Mujeres – PU – Modelo 1 978-0-7899-2878-8
493863 Agenda 2026 Mujeres – PU – Modelo 2 978-0-7899-2879-5
493864 Agenda 2026 Hombres – PU – Modelo 1 978-0-7899-2880-1
493865 Agenda 2026 Hombres – PU – Modelo 2 978-0-7899-2881-8

Impreso en Colombia
Printed in Colombia

Agenda 2026

Datos personales

NOMBRE Y APELLIDOS

....

CORREO ELECTRÓNICO

....

TELÉFONO

....

2026

Enero

D	L	M	M	J	V	S
				1	2	3
4	5	6	7	8	9	10
11	12	13	14	15	16	17
18	19	20	21	22	23	24
25	26	27	28	29	30	31

Febrero

D	L	M	M	J	V	S
1	2	3	4	5	6	7
8	9	10	11	12	13	14
15	16	17	18	19	20	21
22	23	24	25	26	27	28

Marzo

D	L	M	M	J	V	S
1	2	3	4	5	6	7
8	9	10	11	12	13	14
15	16	17	18	19	20	21
22	23	24	25	26	27	28
29	30	31				

Abril

D	L	M	M	J	V	S
			1	2	3	4
5	6	7	8	9	10	11
12	13	14	15	16	17	18
19	20	21	22	23	24	25
26	27	28	29	30		

Mayo

D	L	M	M	J	V	S
					1	2
3	4	5	6	7	8	9
10	11	12	13	14	15	16
17	18	19	20	21	22	23
24	25	26	27	28	29	30
31						

Junio

D	L	M	M	J	V	S
	1	2	3	4	5	6
7	8	9	10	11	12	13
14	15	16	17	18	19	20
21	22	23	24	25	26	27
28	29	30				

Julio

D	L	M	M	J	V	S
			1	2	3	4
5	6	7	8	9	10	11
12	13	14	15	16	17	18
19	20	21	22	23	24	25
26	27	28	29	30	31	

Agosto

D	L	M	M	J	V	S
						1
2	3	4	5	6	7	8
9	10	11	12	13	14	15
16	17	18	19	20	21	22
23	24	25	26	27	28	29
30	31					

Septiembre

D	L	M	M	J	V	S
		1	2	3	4	5
6	7	8	9	10	11	12
13	14	15	16	17	18	19
20	21	22	23	24	25	26
27	28	29	30			

Octubre

D	L	M	M	J	V	S
				1	2	3
4	5	6	7	8	9	10
11	12	13	14	15	16	17
18	19	20	21	22	23	24
25	26	27	28	29	30	31

Noviembre

D	L	M	M	J	V	S
1	2	3	4	5	6	7
8	9	10	11	12	13	14
15	16	17	18	19	20	21
22	23	24	25	26	27	28
29	30					

Diciembre

D	L	M	M	J	V	S
		1	2	3	4	5
6	7	8	9	10	11	12
13	14	15	16	17	18	19
20	21	22	23	24	25	26
27	28	29	30	31		

2027

Enero

D	L	M	M	J	V	S
					1	2
3	4	5	6	7	8	9
10	11	12	13	14	15	16
17	18	19	20	21	22	23
24	25	26	27	28	29	30
31						

Febrero

D	L	M	M	J	V	S
	1	2	3	4	5	6
7	8	9	10	11	12	13
14	15	16	17	18	19	20
21	22	23	24	25	26	27
28						

Marzo

D	L	M	M	J	V	S
	1	2	3	4	5	6
7	8	9	10	11	12	13
14	15	16	17	18	19	20
21	22	23	24	25	26	27
28	29	30	31			

Abril

D	L	M	M	J	V	S
				1	2	3
4	5	6	7	8	9	10
11	12	13	14	15	16	17
18	19	20	21	22	23	24
25	26	27	28	29	30	

Mayo

D	L	M	M	J	V	S
						1
2	3	4	5	6	7	8
9	10	11	12	13	14	15
16	17	18	19	20	21	22
23	24	25	26	27	28	29
30	31					

Junio

D	L	M	M	J	V	S
		1	2	3	4	5
6	7	8	9	10	11	12
13	14	15	16	17	18	19
20	21	22	23	24	25	26
27	28	29	30			

Julio

D	L	M	M	J	V	S
				1	2	3
4	5	6	7	8	9	10
11	12	13	14	15	16	17
18	19	20	21	22	23	24
25	26	27	28	29	30	31

Agosto

D	L	M	M	J	V	S
1	2	3	4	5	6	7
8	9	10	11	12	13	14
15	16	17	18	19	20	21
22	23	24	25	26	27	28
29	30	31				

Septiembre

D	L	M	M	J	V	S
			1	2	3	4
5	6	7	8	9	10	11
12	13	14	15	16	17	18
19	20	21	22	23	24	25
26	27	28	29	30		

Octubre

D	L	M	M	J	V	S
					1	2
3	4	5	6	7	8	9
10	11	12	13	14	15	16
17	18	19	20	21	22	23
24	25	26	27	28	29	30
31						

Noviembre

D	L	M	M	J	V	S
	1	2	3	4	5	6
7	8	9	10	11	12	13
14	15	16	17	18	19	20
21	22	23	24	25	26	27
28	29	30				

Diciembre

D	L	M	M	J	V	S
			1	2	3	4
5	6	7	8	9	10	11
12	13	14	15	16	17	18
19	20	21	22	23	24	25
26	27	28	29	30	31	

Plan anual 2026

DÍA	ENERO	FEBRERO	MARZO	ABRIL	MAYO	JUNIO
DO		1	1			
LU		2	2			1
MA		3	3			2
MI		4	4	1		3
JU	1	5	5	2		4
VI	2	6	6	3	1	5
SA	3	7	7	4	2	6
DO	4	8	8	5	3	7
LU	5	9	9	6	4	8
MA	6	10	10	7	5	9
MI	7	11	11	8	6	10
JU	8	12	12	9	7	11
VI	9	13	13	10	8	12
SA	10	14	14	11	9	13
DO	11	15	15	12	10	14
LU	12	16	16	13	11	15
MA	13	17	17	14	12	16
MI	14	18	18	15	13	17
JU	15	19	19	16	14	18
VI	16	20	20	17	15	19
SA	17	21	21	18	16	20
DO	18	22	22	19	17	21
LU	19	23	23	20	18	22
MA	20	24	24	21	19	23
MI	21	25	25	22	20	24
JU	22	26	26	23	21	25
VIE	23	27	27	24	22	26
SA	24	28	28	25	23	27
DO	25		29	26	24	28
LU	26		30	27	25	29
MA	27		31	28	26	30
MI	28			29	27	
JU	29			30	28	
VI	30				29	
SA	31				30	
DO					31	
LU						

Plan anual 2026

JULIO	AGOSTO	SEPTIEMBRE	OCTUBRE	NOVIEMBRE	DICIEMBRE	DÍA
				1		DO
				2		LU
		1		3	1	MA
1		2		4	2	MI
2		3	1	5	3	JU
3		4	2	6	4	VI
4	1	5	3	7	5	SA
5	2	6	4	8	6	DO
6	3	7	5	9	7	LU
7	4	8	6	10	8	MA
8	5	9	7	11	9	MI
9	6	10	8	12	10	JU
10	7	11	9	13	11	VI
11	8	12	10	14	12	SA
12	9	13	11	15	13	DO
13	10	14	12	16	14	LU
14	11	15	13	17	15	MA
15	12	16	14	18	16	MI
16	13	17	15	19	17	JU
17	14	18	16	20	18	VI
18	15	19	17	21	19	SA
19	16	20	18	22	20	DO
20	17	21	19	23	21	LU
21	18	22	20	24	22	MA
22	19	23	21	25	23	MI
23	20	24	22	26	24	JU
24	21	25	23	27	25	VI
25	22	26	24	28	26	SA
26	23	27	25	29	27	DO
27	24	28	26	30	28	LU
28	25	29	27		29	MA
29	26	30	28		30	MI
30	27		29		31	JU
31	28		30			VI
	29		31			SA
	30					DO
	31					LU

Guía de lectura
por temas

Ansiedad y depresión

Salmo 34:18
Salmo 119:28
Filipenses 4:6
1 pedro 5:7

Confianza en Dios

Proverbios 3:5
Salmo 56:3
Proverbios 29:25
Salmo 37:5

Desafíos de la vida

Efesios 6:13
Proverbios 18:10
Romanos 8:28
Nahúm 1:7

Fortaleza espiritual

Filipenses 4:13
2 Tesalonicenses 3:3
Salmo 28:7
Salmo 29:11

Sabiduría

Proverbios 2:6
Santiago 1:5
Proverbios 16:16
Santiago 3:13

Sanidad del alma

Jeremías 17:14
Salmo 107:19-20
Salmo 147:3
Salmo 73:26

Perdón

Mateo 6:14
Proverbios 28:13
Proverbios 17:9
Salmo 32:1

Rechazo

Salmo 119:104
Juan 15:18
Salmo 27:10
Salmo 51:17

Soledad

Salmo 23:4
Juan 14:16
Mateo 28:20
Isaías 49:15

Enero

«¡Voy a hacer algo nuevo! Ya está sucediendo,
¿no se dan cuenta? Estoy abriendo un camino
en el desierto y ríos en lugares desolados».

ISAÍAS 43:19, NVI

Enero 2026

DOMINGO	LUNES	MARTES	MIÉRCOLES
4	5	6	7
11	12	13	14
18	19	20	21
25	26	27	28

JUEVES	VIERNES	SÁBADO
1	2	3
8	9	10
15	16	17
22	23	24
29	30	31

notas

DICIEMBRE 2025

D	L	M	M	J	V	S
	1	2	3	4	5	6
7	8	9	10	11	12	13
14	15	16	17	18	19	20
21	22	23	24	25	26	27
28	29	30	31			

FEBRERO 2026

D	L	M	M	J	V	S
1	2	3	4	5	6	7
8	9	10	11	12	13	14
15	16	17	18	19	20	21
22	23	24	25	26	27	28

Plan mensual

PRIORIDADES DEL MES

OBJETIVOS PERSONALES

OBJETIVOS GENERALES

Presupuesto mensual

CUENTAS	FECHA	CANTIDAD	PAGO	BALANCE

«Honra al Señor con tus bienes».
PROVERBIOS 3:9, LBLA

TOTAL

01 *jueves*

PRIORIDADES

ENERO 2026

D	L	M	M	J	V	S
				1	2	3
4	5	6	7	8	9	10
11	12	13	14	15	16	17
18	19	20	21	22	23	24
25	26	27	28	29	30	31

7 am

8 am

9 am

10 am

11 am

12 am

1 pm

2 pm

3 pm

4 pm

5 pm

6 pm

7 pm

8 pm

9 pm

notas

«Todo lo puedo en Cristo
que me fortalece».

FILIPENSES 4: 13, RVR60

viernes

02

ENERO 2026

D	L	M	M	J	V	S
				1	2	3
4	5	6	7	8	9	10
11	12	13	14	15	16	17
18	19	20	21	22	23	24
25	26	27	28	29	30	31

PRIORIDADES

7 am

8 am

9 am

10 am

11 am

12 am

1 pm

2 pm

3 pm

4 pm

5 pm

6 pm

7 pm

8 pm

9 pm

notas

«Porque si perdonan a otros sus ofensas, también los perdonará a ustedes su Padre celestial».

MATEO 6:14, NVI

03 *sábado*

PRIORIDADES

ENERO 2026

D	L	M	M	J	V	S
				1	2	3
4	5	6	7	8	9	10
11	12	13	14	15	16	17
18	19	20	21	22	23	24
25	26	27	28	29	30	31

7 am

8 am

9 am

10 am

11 am

12 am

1 pm

2 pm

3 pm

4 pm

5 pm

6 pm

7 pm

8 pm

9 pm

notas

«Porque todo lo que es nacido de Dios vence al mundo; y esta es la victoria que ha vencido al mundo, nuestra fe».

1 JUAN 5:4, RVR60

ENERO 2026

D	L	M	M	J	V	S
				1	2	3
4	5	6	7	8	9	10
11	12	13	14	15	16	17
18	19	20	21	22	23	24
25	26	27	28	29	30	31

domingo

04

PRIORIDADES

7 am

8 am

9 am

10 am

11 am

12 am

1 pm

2 pm

3 pm

4 pm

5 pm

6 pm

7 pm

8 pm

9 pm

notas

«Harás que crezca la nación de Israel, y sus habitantes se alegrarán. Se alegrarán ante ti como la gente se goza en la cosecha, y como los guerreros cuando se dividen el botín».

ISAÍAS 9:3, NTV

05 *lunes*

PRIORIDADES

7 am

8 am

9 am

10 am

11 am

12 am

1 pm

2 pm

3 pm

4 pm

5 pm

6 pm

7 pm

8 pm

9 pm

notas

«Mi mandato es: "¡Sé fuerte y valiente! No tengas miedo ni te desanimes, porque el Señor tu Dios está contigo dondequiera que vayas"».

JOSUÉ 1:9, NTV

martes

06

ENERO 2026

D	L	M	M	J	V	S
				1	2	3
4	5	6	7	8	9	10
11	12	13	14	15	16	17
18	19	20	21	22	23	24
25	26	27	28	29	30	31

PRIORIDADES

7 am

8 am

9 am

10 am

11 am

12 am

1 pm

2 pm

3 pm

4 pm

5 pm

6 pm

7 pm

8 pm

9 pm

notas

«Nosotros le amamos a él,
porque él nos amó primero».

1 JUAN 4:19, RVR60

07 — *miércoles*

PRIORIDADES

ENERO 2026

D	L	M	M	J	V	S
				1	2	3
4	5	6	7	8	9	10
11	12	13	14	15	16	17
18	19	20	21	22	23	24
25	26	27	28	29	30	31

7 am

8 am

9 am

10 am

11 am

12 am

1 pm

2 pm

3 pm

4 pm

5 pm

6 pm

7 pm

8 pm

9 pm

notas

«Cristo nos libertó para que vivamos en libertad. Por lo tanto, manténganse firmes y no se sometan nuevamente al yugo de esclavitud».

GÁLATAS 5:1, NVI

jueves
08

ENERO 2026

D	L	M	M	J	V	S
				1	2	3
4	5	6	7	8	9	10
11	12	13	14	15	16	17
18	19	20	21	22	23	24
25	26	27	28	29	30	31

PRIORIDADES

7 am

8 am

9 am

10 am

11 am

12 am

1 pm

2 pm

3 pm

4 pm

5 pm

6 pm

7 pm

8 pm

9 pm

notas

«Alégrense en la esperanza,
muestren paciencia en el
sufrimiento, perseveren
en la oración».

ROMANOS 12:12, NVI

09 *viernes*

PRIORIDADES

ENERO 2026

D	L	M	M	J	V	S
					1	2
						3
4	5	6	7	8	9	10
11	12	13	14	15	16	17
18	19	20	21	22	23	24
25	26	27	28	29	30	31

7 am

8 am

9 am

10 am

11 am

12 am

1 pm

2 pm

3 pm

4 pm

5 pm

6 pm

7 pm

8 pm

9 pm

notas

«Me has dado más alegría
que los que tienen cosechas
abundantes de grano
y de vino nuevo».

SALMO 4:7, NTV

sábado **10**

ENERO 2026

D	L	M	M	J	V	S
				1	2	3
4	5	6	7	8	9	10
11	12	13	14	15	16	17
18	19	20	21	22	23	24
25	26	27	28	29	30	31

PRIORIDADES

7 am

8 am

9 am

10 am

11 am

12 am

1 pm

2 pm

3 pm

4 pm

5 pm

6 pm

7 pm

8 pm

9 pm

notas

«Pero corra el juicio como las aguas,
y la justicia como impetuoso arroyo».

AMÓS 5:24, RVR60

<table>
<tr><td>

11

domingo

PRIORIDADES

</td><td>

ENERO 2026

D	L	M	M	J	V	S
				1	2	3
4	5	6	7	8	9	10
11	12	13	14	15	16	17
18	19	20	21	22	23	24
25	26	27	28	29	30	31

</td></tr>
</table>

7 am

8 am

9 am

10 am

11 am

12 am

1 pm

2 pm

3 pm

4 pm

5 pm

6 pm

7 pm

8 pm

9 pm

notas

«¿Por qué estás tan abatida, alma mía?
¿Por qué estás angustiada? En Dios pondré
mi esperanza y lo seguiré alabando.
¡Él es mi salvación y mi Dios!».

SALMO 42:11, NVI

lunes

12

ENERO 2026

D	L	M	M	J	V	S
				1	2	3
4	5	6	7	8	9	10
11	12	13	14	15	16	17
18	19	20	21	22	23	24
25	26	27	28	29	30	31

PRIORIDADES

7 am

8 am

9 am

10 am

11 am

12 am

1 pm

2 pm

3 pm

4 pm

5 pm

6 pm

7 pm

8 pm

9 pm

notas

«Yo les he dicho estas cosas para que en mí
hallen paz. En este mundo afrontarán
aflicciones, pero ¡anímense!
Yo he vencido al mundo».

JUAN 16:33, NVI

13 *martes*

PRIORIDADES

ENERO 2026

D	L	M	M	J	V	S
				1	2	3
4	5	6	7	8	9	10
11	12	13	14	15	16	17
18	19	20	21	22	23	24
25	26	27	28	29	30	31

7 am

8 am

9 am

10 am

11 am

12 am

1 pm

2 pm

3 pm

4 pm

5 pm

6 pm

7 pm

8 pm

9 pm

notas

«Traigan a todo el que me reconoce como su Dios, porque yo los he creado para mi gloria. Fui yo quien los formé».

ISAÍAS 43:7, NTV

miércoles

14

ENERO 2026

D	L	M	M	J	V	S
				1	2	3
4	5	6	7	8	9	10
11	12	13	14	15	16	17
18	19	20	21	22	23	24
25	26	27	28	29	30	31

PRIORIDADES

7 am

8 am

9 am

10 am

11 am

12 am

1 pm

2 pm

3 pm

4 pm

5 pm

6 pm

7 pm

8 pm

9 pm

notas

«Bueno es el Señor;
es refugio en el día de la angustia
y conoce a los que en él confían».

NAHÚM 1:7, NVI

15 *jueves*

PRIORIDADES

ENERO 2026

D	L	M	M	J	V	S
				1	2	3
4	5	6	7	8	9	10
11	12	13	14	15	16	17
18	19	20	21	22	23	24
25	26	27	28	29	30	31

7 am

8 am

9 am

10 am

11 am

12 am

1 pm

2 pm

3 pm

4 pm

5 pm

6 pm

7 pm

8 pm

9 pm

notas

«Jehová es mi pastor;
nada me faltará».

SALMO 23:1, RVR60

viernes **16**

ENERO 2026

D	L	M	M	J	V	S
				1	2	3
4	5	6	7	8	9	10
11	12	13	14	15	16	17
18	19	20	21	22	23	24
25	26	27	28	29	30	31

PRIORIDADES

7 am

8 am

9 am

10 am

11 am

12 am

1 pm

2 pm

3 pm

4 pm

5 pm

6 pm

7 pm

8 pm

9 pm

notas

«Bienaventurados los misericordiosos,
porque ellos alcanzarán misericordia».

MATEO 5:7, RVR60

17   *sábado*

PRIORIDADES

ENERO 2026

D	L	M	M	J	V	S
				1	2	3
4	5	6	7	8	9	10
11	12	13	14	15	16	17
18	19	20	21	22	23	24
25	26	27	28	29	30	31

7 am

8 am

9 am

10 am

11 am

12 am

1 pm

2 pm

3 pm

4 pm

5 pm

6 pm

7 pm

8 pm

9 pm

notas

«Nunca antes ni después ha habido un día como aquel; fue el día en que el Señor escuchó los ruegos de un ser humano. ¡No cabe duda de que el Señor estaba peleando por Israel!».

JOSUÉ 10:14, NVI

domingo **18**

ENERO 2026

D	L	M	M	J	V	S
				1	2	3
4	5	6	7	8	9	10
11	12	13	14	15	16	17
18	19	20	21	22	23	24
25	26	27	28	29	30	31

PRIORIDADES

7 am

8 am

9 am

10 am

11 am

12 am

1 pm

2 pm

3 pm

4 pm

5 pm

6 pm

7 pm

8 pm

9 pm

notas

«Vivan una vida llena de amor,
siguiendo el ejemplo de Cristo».

EFESIOS 5:2, NVI

19 *lunes*

PRIORIDADES

ENERO 2026

D	L	M	M	J	V	S
				1	2	3
4	5	6	7	8	9	10
11	12	13	14	15	16	17
18	19	20	21	22	23	24
25	26	27	28	29	30	31

7 am

8 am

9 am

10 am

11 am

12 am

1 pm

2 pm

3 pm

4 pm

5 pm

6 pm

7 pm

8 pm

9 pm

notas

«Practiquen el derecho y la justicia.
Libren al oprimido del poder del opresor.
No maltraten ni hagan violencia al
extranjero, ni al huérfano ni a la viuda, ni
derramen sangre inocente en este lugar».

JEREMÍAS 22:3, NVI

martes

20

ENERO 2026

D	L	M	M	J	V	S
				1	2	3
4	5	6	7	8	9	10
11	12	13	14	15	16	17
18	19	20	21	22	23	24
25	26	27	28	29	30	31

PRIORIDADES

7 am

8 am

9 am

10 am

11 am

12 am

1 pm

2 pm

3 pm

4 pm

5 pm

6 pm

7 pm

8 pm

9 pm

notas

«Llevó nuestros pecados
tan lejos de nosotros como está
el oriente del occidente».

SALMO 103:12, NTV

21 *miércoles*

PRIORIDADES

7 am

8 am

9 am

10 am

11 am

12 am

1 pm

2 pm

3 pm

4 pm

5 pm

6 pm

7 pm

8 pm

9 pm

notas

«Confía en el Señor con todo tu corazón; no dependas de tu propio entendimiento».

PROVERBIOS 3:5, NTV

jueves
22

ENERO 2026

D	L	M	M	J	V	S
				1	2	3
4	5	6	7	8	9	10
11	12	13	14	15	16	17
18	19	20	21	22	23	24
25	26	27	28	29	30	31

PRIORIDADES

7 am

8 am

9 am

10 am

11 am

12 am

1 pm

2 pm

3 pm

4 pm

5 pm

6 pm

7 pm

8 pm

9 pm

notas

«Como madre que consuela a su hijo,
así yo los consolaré a ustedes;
en Jerusalén serán consolados».

ISAÍAS 66:13, NVI

23   *viernes*

PRIORIDADES

ENERO 2026

D	L	M	M	J	V	S
				1	2	3
4	5	6	7	8	9	10
11	12	13	14	15	16	17
18	19	20	21	22	23	24
25	26	27	28	29	30	31

7 am

8 am

9 am

10 am

11 am

12 am

1 pm

2 pm

3 pm

4 pm

5 pm

6 pm

7 pm

8 pm

9 pm

notas

«Si Dios no se guardó ni a su propio Hijo,
sino que lo entregó por todos nosotros,
¿no nos dará también todo lo demás?».

ROMANOS 8:32, NTV

sábado
24

ENERO 2026

D	L	M	M	J	V	S
					1	2	3
4	5	6	7	8	9	10
11	12	13	14	15	16	17
18	19	20	21	22	23	24
25	26	27	28	29	30	31

PRIORIDADES

7 am

8 am

9 am

10 am

11 am

12 am

1 pm

2 pm

3 pm

4 pm

5 pm

6 pm

7 pm

8 pm

9 pm

notas

«Entrega al Señor todo lo que haces;
confía en él, y él te ayudará».

SALMO 37:5, NTV

25   *domingo*

PRIORIDADES

ENERO 2026

D	L	M	M	J	V	S
				1	2	3
4	5	6	7	8	9	10
11	12	13	14	15	16	17
18	19	20	21	22	23	24
25	26	27	28	29	30	31

7 am

8 am

9 am

10 am

11 am

12 am

1 pm

2 pm

3 pm

4 pm

5 pm

6 pm

7 pm

8 pm

9 pm

notas

«Solo en Dios halla descanso mi alma;
de él viene mi esperanza».

SALMO 62:5, NVI

lunes
26

ENERO 2026

D	L	M	M	J	V	S
				1	2	3
4	5	6	7	8	9	10
11	12	13	14	15	16	17
18	19	20	21	22	23	24
25	26	27	28	29	30	31

PRIORIDADES

7 am

8 am

9 am

10 am

11 am

12 am

1 pm

2 pm

3 pm

4 pm

5 pm

6 pm

7 pm

8 pm

9 pm

notas

«Mi victoria y mi honor provienen
solamente de Dios; él es mi refugio,
una roca donde ningún enemigo
puede alcanzarme».

SALMO 62:7, NTV

27 *martes*

PRIORIDADES

7 am

8 am

9 am

10 am

11 am

12 am

1 pm

2 pm

3 pm

4 pm

5 pm

6 pm

7 pm

8 pm

9 pm

notas

«¿Qué agrada más al Señor: que se le ofrezcan holocaustos y sacrificios o que se obedezca lo que él dice? El obedecer vale más que el sacrificio».

1 SAMUEL 15:22, NVI

miércoles **28**

ENERO 2026

D	L	M	M	J	V	S
				1	2	3
4	5	6	7	8	9	10
11	12	13	14	15	16	17
18	19	20	21	22	23	24
25	26	27	28	29	30	31

PRIORIDADES

7 am

8 am

9 am

10 am

11 am

12 am

1 pm

2 pm

3 pm

4 pm

5 pm

6 pm

7 pm

8 pm

9 pm

notas

«Porque el reino de Dios no es comida
ni bebida, sino justicia, paz y gozo
en el Espíritu Santo».

ROMANOS 14:17, RVR60

29 jueves

PRIORIDADES

....

....

....

....

ENERO 2026

D	L	M	M	J	V	S
				1	2	3
4	5	6	7	8	9	10
11	12	13	14	15	16	17
18	19	20	21	22	23	24
25	26	27	28	29	30	31

7 am

8 am

9 am

10 am

11 am

12 am

1 pm

2 pm

3 pm

4 pm

5 pm

6 pm

7 pm

8 pm

9 pm

notas

«Clamaré al Dios Altísimo,
al Dios que me favorece».

SALMO 57:2, RVR60

viernes
30

ENERO 2026

D	L	M	M	J	V	S
				1	2	3
4	5	6	7	8	9	10
11	12	13	14	15	16	17
18	19	20	21	22	23	24
25	26	27	28	29	30	31

PRIORIDADES

7 am

8 am

9 am

10 am

11 am

12 am

1 pm

2 pm

3 pm

4 pm

5 pm

6 pm

7 pm

8 pm

9 pm

notas

«Dios habita en esa ciudad;
no puede ser destruida.
En cuanto despunte el día,
Dios la protegerá».

SALMO 46:5, NTV

31 — *sábado*

PRIORIDADES

ENERO 2026

D	L	M	M	J	V	S
				1	2	3
4	5	6	7	8	9	10
11	12	13	14	15	16	17
18	19	20	21	22	23	24
25	26	27	28	29	30	31

7 am

8 am

9 am

10 am

11 am

12 am

1 pm

2 pm

3 pm

4 pm

5 pm

6 pm

7 pm

8 pm

9 pm

notas

«Y la paz de Dios, que sobrepasa todo entendimiento, cuidará sus corazones y sus pensamientos en Cristo Jesús».

FILIPENSES 4:7, NVI

Febrero

«Mi mandato es: "¡Sé fuerte y valiente!
No tengas miedo ni te desanimes, porque el SEÑOR
tu Dios está contigo dondequiera que vayas"».

JOSUÉ 1:9, NTV

Febrero 2026

DOMINGO	LUNES	MARTES	MIÉRCOLES
1	2	3	4
8	9	10	11
15	16	17	18
22	23	24	25

<table>
<tr><th>JUEVES</th><th>VIERNES</th><th>SÁBADO</th></tr>
<tr><td>5</td><td>6</td><td>7</td></tr>
<tr><td>12</td><td>13</td><td>14</td></tr>
<tr><td>19</td><td>20</td><td>21</td></tr>
<tr><td>26</td><td>27</td><td>28</td></tr>
</table>

notas

ENERO 2026

D	L	M	M	J	V	S
				1	2	3
4	5	6	7	8	9	10
11	12	13	14	15	16	17
18	19	20	21	22	23	24
25	26	27	28	29	30	31

MARZO 2026

D	L	M	M	J	V	S
1	2	3	4	5	6	7
8	9	10	11	12	13	14
15	16	17	18	19	20	21
22	23	24	25	26	27	28
29	30	31				

Plan mensual

PRIORIDADES DEL MES

OBJETIVOS PERSONALES

OBJETIVOS GENERALES

Presupuesto mensual

CUENTAS	FECHA	CANTIDAD	PAGO	BALANCE

«La bendición del Señor trae riquezas».
PROVERBIOS 10:22, NVI

TOTAL

01 — *domingo*

PRIORIDADES

7 am

8 am

9 am

10 am

11 am

12 am

1 pm

2 pm

3 pm

4 pm

5 pm

6 pm

7 pm

8 pm

9 pm

notas

«De él dan testimonio todos los profetas:
que todo el que cree en él recibe,
por medio de su nombre,
el perdón de los pecados».

HECHOS 10:43, NVI

lunes

02

FEBRERO 2026

D	L	M	M	J	V	S
1	2	3	4	5	6	7
8	9	10	11	12	13	14
15	16	17	18	19	20	21
22	23	24	25	26	27	28

PRIORIDADES

7 am

8 am

9 am

10 am

11 am

12 am

1 pm

2 pm

3 pm

4 pm

5 pm

6 pm

7 pm

8 pm

9 pm

notas

«En todo tiempo ama el amigo,
y es como un hermano en tiempo
de angustia».

PROVERBIOS 17:17, RVR60

03 *martes*

PRIORIDADES

7 am

8 am

9 am

10 am

11 am

12 am

1 pm

2 pm

3 pm

4 pm

5 pm

6 pm

7 pm

8 pm

9 pm

notas

«Ya sea que te desvíes a la derecha
o a la izquierda, tus oídos percibirán
a tus espaldas una voz que te dirá:
"Este es el camino; síguelo"».

ISAÍAS 30:21, NVI

miércoles

04

FEBRERO 2026

D	L	M	M	J	V	S
1	2	3	4	5	6	7
8	9	10	11	12	13	14
15	16	17	18	19	20	21
22	23	24	25	26	27	28

PRIORIDADES

7 am
8 am
9 am
10 am
11 am
12 am
1 pm
2 pm
3 pm
4 pm
5 pm
6 pm
7 pm
8 pm
9 pm

notas

«El Señor es sol y escudo;
Dios nos concede honor y gloria.
El Señor no niega sus bondades a los
que se conducen con integridad».

SALMO 84:11, NVI

05 *jueves*

PRIORIDADES

FEBRERO 2026

D	L	M	M	J	V	S
1	2	3	4	5	6	7
8	9	10	11	12	13	14
15	16	17	18	19	20	21
22	23	24	25	26	27	28

7 am

8 am

9 am

10 am

11 am

12 am

1 pm

2 pm

3 pm

4 pm

5 pm

6 pm

7 pm

8 pm

9 pm

notas

«En Dios he confiado;
no temeré;
¿qué puede hacerme el hombre?».

SALMO 56:11, RVR60

viernes

06

FEBRERO 2026

D	L	M	M	J	V	S
1	2	3	4	5	6	7
8	9	10	11	12	13	14
15	16	17	18	19	20	21
22	23	24	25	26	27	28

PRIORIDADES

7 am

8 am

9 am

10 am

11 am

12 am

1 pm

2 pm

3 pm

4 pm

5 pm

6 pm

7 pm

8 pm

9 pm

notas

«El que habita al abrigo
del Altísimo morará bajo la sombra
del Omnipotente».

SALMO 91:1, RVR60

07 sábado

PRIORIDADES

FEBRERO 2026

D	L	M	M	J	V	S
1	2	3	4	5	6	7
8	9	10	11	12	13	14
15	16	17	18	19	20	21
22	23	24	25	26	27	28

7 am

8 am

9 am

10 am

11 am

12 am

1 pm

2 pm

3 pm

4 pm

5 pm

6 pm

7 pm

8 pm

9 pm

notas

«Que el Dios de la esperanza
los llene de toda alegría y paz
a ustedes que creen en él, para
que rebosen de esperanza por
el poder del Espíritu Santo».

ROMANOS 15:13, NVI

domingo **08**

FEBRERO 2026

D	L	M	M	J	V	S
1	2	3	4	5	6	7
8	9	10	11	12	13	14
15	16	17	18	19	20	21
22	23	24	25	26	27	28

PRIORIDADES

7 am

8 am

9 am

10 am

11 am

12 am

1 pm

2 pm

3 pm

4 pm

5 pm

6 pm

7 pm

8 pm

9 pm

notas

«¡Así que sé fuerte y valiente!
No tengas miedo ni sientas pánico
frente a ellos, porque el Señor
tu Dios, él mismo irá delante de ti.
No te fallará ni te abandonará».

DEUTERONOMIO 31:6, NTV

09 *lunes*

PRIORIDADES

FEBRERO 2026

D	L	M	M	J	V	S
1	2	3	4	5	6	7
8	9	10	11	12	13	14
15	16	17	18	19	20	21
22	23	24	25	26	27	28

7 am

8 am

9 am

10 am

11 am

12 am

1 pm

2 pm

3 pm

4 pm

5 pm

6 pm

7 pm

8 pm

9 pm

notas

«Humíllense delante del Señor
y él los exaltará».

SANTIAGO 4:10, NVI

martes
10

FEBRERO 2026

D	L	M	M	J	V	S
1	2	3	4	5	6	7
8	9	10	11	12	13	14
15	16	17	18	19	20	21
22	23	24	25	26	27	28

PRIORIDADES

7 am

8 am

9 am

10 am

11 am

12 am

1 pm

2 pm

3 pm

4 pm

5 pm

6 pm

7 pm

8 pm

9 pm

notas

«Ustedes necesitan perseverar para que,
después de haber cumplido la voluntad de Dios,
reciban lo que él ha prometido».

HEBREOS 10:36, NVI

11 miércoles

PRIORIDADES

7 am

8 am

9 am

10 am

11 am

12 am

1 pm

2 pm

3 pm

4 pm

5 pm

6 pm

7 pm

8 pm

9 pm

notas

«Estén siempre llenos de alegría
en el Señor. Lo repito, ¡alégrense!».

FILIPENSES 4:4, NTV

jueves

12

FEBRERO 2026

D	L	M	M	J	V	S
1	2	3	4	5	6	7
8	9	10	11	12	13	14
15	16	17	18	19	20	21
22	23	24	25	26	27	28

PRIORIDADES

7 am

8 am

9 am

10 am

11 am

12 am

1 pm

2 pm

3 pm

4 pm

5 pm

6 pm

7 pm

8 pm

9 pm

notas

«Ustedes aman a Jesucristo a pesar
de que nunca lo han visto. Aunque
ahora no lo ven, confían en él
y se gozan con una alegría
gloriosa e indescriptible».

1 PEDRO 1:8, NTV

13 *viernes*

PRIORIDADES

7 am

8 am

9 am

10 am

11 am

12 am

1 pm

2 pm

3 pm

4 pm

5 pm

6 pm

7 pm

8 pm

9 pm

notas

«Señor, protégeme del poder de los malvados; protégeme de los violentos, de los que piensan hacerme caer».

SALMO 140:4, NVI

sábado **14**

FEBRERO 2026

D	L	M	M	J	V	S
1	2	3	4	5	6	7
8	9	10	11	12	13	14
15	16	17	18	19	20	21
22	23	24	25	26	27	28

PRIORIDADES

7 am
8 am
9 am
10 am
11 am
12 am
1 pm
2 pm
3 pm
4 pm
5 pm
6 pm
7 pm
8 pm
9 pm

notas

«Dios nos ha dado todo lo que necesitamos
para llevar una vida de rectitud. Todo esto
lo recibimos al llegar a conocer a aquel
que nos llamó por medio de su
maravillosa gloria y excelencia».

2 PEDRO 1:3, NTV

15 · domingo

PRIORIDADES

7 am

8 am

9 am

10 am

11 am

12 am

1 pm

2 pm

3 pm

4 pm

5 pm

6 pm

7 pm

8 pm

9 pm

notas

«Toda la gloria sea al que nos ama
y nos ha libertado de nuestros pecados
al derramar su sangre por nosotros».

APOCALIPSIS 1:5, NTV

lunes
16

FEBRERO 2026

D	L	M	M	J	V	S
1	2	3	4	5	6	7
8	9	10	11	12	13	14
15	16	17	18	19	20	21
22	23	24	25	26	27	28

PRIORIDADES

7 am

8 am

9 am

10 am

11 am

12 am

1 pm

2 pm

3 pm

4 pm

5 pm

6 pm

7 pm

8 pm

9 pm

notas

«Así también la fe por sí sola,
si no tiene obras, está muerta».

SANTIAGO 2:17, NVI

17 *martes*

PRIORIDADES

FEBRERO 2026

D	L	M	M	J	V	S
1	2	3	4	5	6	7
8	9	10	11	12	13	14
15	16	17	18	19	20	21
22	23	24	25	26	27	28

7 am

8 am

9 am

10 am

11 am

12 am

1 pm

2 pm

3 pm

4 pm

5 pm

6 pm

7 pm

8 pm

9 pm

notas

«Pero fiel es el Señor,
que os afirmará y
guardará del mal».

2 TESALONICENSES 3:3, RVR60

miércoles
18

FEBRERO 2026

D	L	M	M	J	V	S
1	2	3	4	5	6	7
8	9	10	11	12	13	14
15	16	17	18	19	20	21
22	23	24	25	26	27	28

PRIORIDADES

7 am

8 am

9 am

10 am

11 am

12 am

1 pm

2 pm

3 pm

4 pm

5 pm

6 pm

7 pm

8 pm

9 pm

notas

«Dios no es injusto. No olvidará con
cuánto esfuerzo han trabajado para
él y cómo han demostrado su amor
por él sirviendo a otros creyentes
como todavía lo hacen».

HEBREOS 6:10, NTV

19 *jueves*

PRIORIDADES

FEBRERO 2026

D	L	M	M	J	V	S
1	2	3	4	5	6	7
8	9	10	11	12	13	14
15	16	17	18	19	20	21
22	23	24	25	26	27	28

7 am

8 am

9 am

10 am

11 am

12 am

1 pm

2 pm

3 pm

4 pm

5 pm

6 pm

7 pm

8 pm

9 pm

notas

«Señor, tú eres mi Dios; te exaltaré y alabaré tu nombre porque has hecho maravillas. Desde tiempos antiguos tus planes son fieles y seguros».

ISAÍAS 25:1, NVI

viernes
20

FEBRERO 2026

D	L	M	M	J	V	S
1	2	3	4	5	6	7
8	9	10	11	12	13	14
15	16	17	18	19	20	21
22	23	24	25	26	27	28

PRIORIDADES

7 am

8 am

9 am

10 am

11 am

12 am

1 pm

2 pm

3 pm

4 pm

5 pm

6 pm

7 pm

8 pm

9 pm

notas

«Hermanos míos, considérense muy dichosos cuando tengan que enfrentarse con diversas pruebas, pues ya saben que la prueba de su fe produce perseverancia».

SANTIAGO 1:2-3, NVI

21 sábado

PRIORIDADES

FEBRERO 2026

D	L	M	M	J	V	S
1	2	3	4	5	6	7
8	9	10	11	12	13	14
15	16	17	18	19	20	21
22	23	24	25	26	27	28

7 am

8 am

9 am

10 am

11 am

12 am

1 pm

2 pm

3 pm

4 pm

5 pm

6 pm

7 pm

8 pm

9 pm

notas

«Vivan de una manera digna
del llamamiento que han recibido».

EFESIOS 4:1, NVI

domingo

22

FEBRERO 2026

D	L	M	M	J	V	S
1	2	3	4	5	6	7
8	9	10	11	12	13	14
15	16	17	18	19	20	21
22	23	24	25	26	27	28

PRIORIDADES

7 am
8 am
9 am
10 am
11 am
12 am
1 pm
2 pm
3 pm
4 pm
5 pm
6 pm
7 pm
8 pm
9 pm

notas

«Si ustedes creen, recibirán todo
lo que pidan en oración».

MATEO 21:22, NVI

23 *lunes*

PRIORIDADES

FEBRERO 2026

D	L	M	M	J	V	S
1	2	3	4	5	6	7
8	9	10	11	12	13	14
15	16	17	18	19	20	21
22	23	24	25	26	27	28

7 am

8 am

9 am

10 am

11 am

12 am

1 pm

2 pm

3 pm

4 pm

5 pm

6 pm

7 pm

8 pm

9 pm

notas

«Engaño hay en el corazón de
los que piensan mal; pero alegría
en el de los que piensan bien».

PROVERBIOS 12:20, RVR60

martes
24

FEBRERO 2026

D	L	M	M	J	V	S
1	2	3	4	5	6	7
8	9	10	11	12	13	14
15	16	17	18	19	20	21
22	23	24	25	26	27	28

PRIORIDADES

7 am

8 am

9 am

10 am

11 am

12 am

1 pm

2 pm

3 pm

4 pm

5 pm

6 pm

7 pm

8 pm

9 pm

notas

«No solo escuchen la palabra de Dios;
tienen que ponerla en práctica.
De lo contrario, solamente se engañan
a sí mismos».

SANTIAGO 1:22, NTV

25 *miércoles*

PRIORIDADES

7 am

8 am

9 am

10 am

11 am

12 am

1 pm

2 pm

3 pm

4 pm

5 pm

6 pm

7 pm

8 pm

9 pm

notas

«Y nosotros hemos conocido y creído
el amor que Dios tiene para con nosotros.
Dios es amor; y el que permanece en
amor, permanece en Dios, y Dios en él».

1 JUAN 4:16, RVR60

jueves

26

FEBRERO 2026

D	L	M	M	J	V	S
1	2	3	4	5	6	7
8	9	10	11	12	13	14
15	16	17	18	19	20	21
22	23	24	25	26	27	28

PRIORIDADES

7 am
8 am
9 am
10 am
11 am
12 am
1 pm
2 pm
3 pm
4 pm
5 pm
6 pm
7 pm
8 pm
9 pm

notas

«Me mostrarás el camino de la vida; me concederás la alegría de tu presencia y el placer de vivir contigo para siempre».

SALMO 16:11, NTV

27 viernes

PRIORIDADES

FEBRERO 2026

D	L	M	M	J	V	S
1	2	3	4	5	6	7
8	9	10	11	12	13	14
15	16	17	18	19	20	21
22	23	24	25	26	27	28

7 am

8 am

9 am

10 am

11 am

12 am

1 pm

2 pm

3 pm

4 pm

5 pm

6 pm

7 pm

8 pm

9 pm

notas

«El Señor te cuidará; de todo mal guardará tu vida. El Señor cuidará tu salida y tu entrada, desde ahora y para siempre».

SALMO 121:7-8, NVI

FEBRERO 2026

D	L	M	M	J	V	S
1	2	3	4	5	6	7
8	9	10	11	12	13	14
15	16	17	18	19	20	21
22	23	24	25	26	27	28

sábado

28

PRIORIDADES

7 am

8 am

9 am

10 am

11 am

12 am

1 pm

2 pm

3 pm

4 pm

5 pm

6 pm

7 pm

8 pm

9 pm

notas

«¡Dios es mi salvación! Confiaré en él
y no temeré. El Señor es mi fuerza,
el Señor es mi canción; ¡él es mi salvación!».

ISAÍAS 12:2, NVI

notas

Marzo

«Tú, en cambio, hombre de Dios, huye de todo eso y esmérate en seguir la justicia, la devoción, la fe, el amor, la constancia y la humildad».

1 TIMOTEO 6:11, NVI

Marzo 2026

DOMINGO	LUNES	MARTES	MIÉRCOLES
1	2	3	4
8	9	10	11
15	16	17	18
22	23	24	25
29	30	31	

<table>
<tr><td>JUEVES</td><td>VIERNES</td><td>SÁBADO</td><td>notas</td></tr>
<tr><td>5</td><td>6</td><td>7</td><td></td></tr>
<tr><td>12</td><td>13</td><td>14</td><td></td></tr>
<tr><td>19</td><td>20</td><td>21</td><td></td></tr>
<tr><td>26</td><td>27</td><td>28</td><td></td></tr>
</table>

FEBRERO 2026

D	L	M	M	J	V	S
1	2	3	4	5	6	7
8	9	10	11	12	13	14
15	16	17	18	19	20	21
22	23	24	25	26	27	28

ABRIL 2026

D	L	M	M	J	V	S
			1	2	3	4
5	6	7	8	9	10	11
12	13	14	15	16	17	18
19	20	21	22	23	24	25
26	27	28	29	30		

Plan mensual

PRIORIDADES DEL MES

OBJETIVOS PERSONALES

OBJETIVOS GENERALES

Presupuesto mensual

CUENTAS	FECHA	CANTIDAD	PAGO	BALANCE

«El Señor nos da la riqueza».
1 SAMUEL 2:7, NVI

TOTAL

01 *domingo*

PRIORIDADES

....

....

....

....

MARZO 2026

D	L	M	M	J	V	S
1	2	3	4	5	6	7
8	9	10	11	12	13	14
15	16	17	18	19	20	21
22	23	24	25	26	27	28
29	30	31				

7 am

8 am

9 am

10 am

11 am

12 am

1 pm

2 pm

3 pm

4 pm

5 pm

6 pm

7 pm

8 pm

9 pm

notas

«No sean egoístas; no traten de impresionar a nadie. Sean humildes, es decir, considerando a los demás como mejores que ustedes».

FILIPENSES 2:3, NTV

MARZO 2026

D	L	M	M	J	V	S
1	2	3	4	5	6	7
8	9	10	11	12	13	14
15	16	17	18	19	20	21
22	23	24	25	26	27	28
29	30	31				

lunes **02**

PRIORIDADES

7 am

8 am

9 am

10 am

11 am

12 am

1 pm

2 pm

3 pm

4 pm

5 pm

6 pm

7 pm

8 pm

9 pm

notas

«Y Dios puede hacer que toda gracia abunde para ustedes, de manera que siempre, en toda circunstancia, tengan todo lo necesario y toda buena obra abunde en ustedes».

2 CORINTIOS 9:8, NVI

03 *martes*

PRIORIDADES

7 am

8 am

9 am

10 am

11 am

12 am

1 pm

2 pm

3 pm

4 pm

5 pm

6 pm

7 pm

8 pm

9 pm

notas

«Porque eres precioso a mis ojos y digno de honra, yo te amo. A cambio de ti entregaré pueblos; a cambio de tu vida entregaré naciones».

ISAÍAS 43:4, NVI

miércoles
04

MARZO 2026

D	L	M	M	J	V	S
1	2	3	4	5	6	7
8	9	10	11	12	13	14
15	16	17	18	19	20	21
22	23	24	25	26	27	28
29	30	31				

PRIORIDADES

7 am

8 am

9 am

10 am

11 am

12 am

1 pm

2 pm

3 pm

4 pm

5 pm

6 pm

7 pm

8 pm

9 pm

notas

«Que habite en ustedes la palabra de Cristo con toda su riqueza: instrúyanse y aconséjense unos a otros con toda sabiduría; canten salmos, himnos y canciones espirituales a Dios, con gratitud de corazón».

COLOSENSES 3:16, NVI

05 jueves

PRIORIDADES

MARZO 2026

D	L	M	M	J	V	S
1	2	3	4	5	6	7
8	9	10	11	12	13	14
15	16	17	18	19	20	21
22	23	24	25	26	27	28
29	30	31				

7 am

8 am

9 am

10 am

11 am

12 am

1 pm

2 pm

3 pm

4 pm

5 pm

6 pm

7 pm

8 pm

9 pm

notas

«Los que esperan a Jehová tendrán nuevas fuerzas; levantarán alas como las águilas; correrán, y no se cansarán; caminarán, y no se fatigarán».

ISAÍAS 40:31, RVR60

viernes

06

MARZO 2026

D	L	M	M	J	V	S
1	2	3	4	5	6	7
8	9	10	11	12	13	14
15	16	17	18	19	20	21
22	23	24	25	26	27	28
29	30	31				

PRIORIDADES

7 am

8 am

9 am

10 am

11 am

12 am

1 pm

2 pm

3 pm

4 pm

5 pm

6 pm

7 pm

8 pm

9 pm

notas

«Estos confían en carros,
y aquellos en caballos;
más nosotros en el
nombre del Señor».

SALMO 20:7, RVR60

07   *sábado*

PRIORIDADES

MARZO 2026

D	L	M	M	J	V	S
1	2	3	4	5	6	7
8	9	10	11	12	13	14
15	16	17	18	19	20	21
22	23	24	25	26	27	28
29	30	31				

7 am

8 am

9 am

10 am

11 am

12 am

1 pm

2 pm

3 pm

4 pm

5 pm

6 pm

7 pm

8 pm

9 pm

notas

«Pero en mi angustia, clamé al Señor;
sí, oré a mi Dios para pedirle ayuda.
Él me oyó desde su santuario;
mi clamor llegó a sus oídos».

SALMO 18:6, NTV

domingo

08

MARZO 2026

D	L	M	M	J	V	S
1	2	3	4	5	6	7
8	9	10	11	12	13	14
15	16	17	18	19	20	21
22	23	24	25	26	27	28
29	30	31				

PRIORIDADES

7 am

8 am

9 am

10 am

11 am

12 am

1 pm

2 pm

3 pm

4 pm

5 pm

6 pm

7 pm

8 pm

9 pm

notas

«Más bien, sean bondadosos y compasivos unos con otros y perdónense mutuamente, así como Dios los perdonó a ustedes en Cristo».

EFESIOS 4:32, NVI

09 — *lunes*

PRIORIDADES

MARZO 2026

D	L	M	M	J	V	S
1	2	3	4	5	6	7
8	9	10	11	12	13	14
15	16	17	18	19	20	21
22	23	24	25	26	27	28
29	30	31				

7 am
8 am
9 am
10 am
11 am
12 am
1 pm
2 pm
3 pm
4 pm
5 pm
6 pm
7 pm
8 pm
9 pm

notas

«Con Dios está la sabiduría y el poder;
suyo es el consejo y la inteligencia».

JOB 12:13, RVR60

martes

10

MARZO 2026

D	L	M	M	J	V	S
1	2	3	4	5	6	7
8	9	10	11	12	13	14
15	16	17	18	19	20	21
22	23	24	25	26	27	28
29	30	31				

PRIORIDADES

7 am

8 am

9 am

10 am

11 am

12 am

1 pm

2 pm

3 pm

4 pm

5 pm

6 pm

7 pm

8 pm

9 pm

notas

«En realidad, sin fe es imposible agradar a Dios, ya que cualquiera que se acerca a Dios tiene que creer que él existe y que recompensa a quienes lo buscan».

HEBREOS 11:6, NVI

11   *miércoles*

PRIORIDADES

D	L	M	M	J	V	S
1	2	3	4	5	6	7
8	9	10	11	12	13	14
15	16	17	18	19	20	21
22	23	24	25	26	27	28
29	30	31				

7 am

8 am

9 am

10 am

11 am

12 am

1 pm

2 pm

3 pm

4 pm

5 pm

6 pm

7 pm

8 pm

9 pm

notas

«El corazón alegre
constituye buen remedio».

PROVERBIOS 17:22, RVR60

jueves **12**

MARZO 2026

D	L	M	M	J	V	S
1	2	3	4	5	6	7
8	9	10	11	12	13	14
15	16	17	18	19	20	21
22	23	24	25	26	27	28
29	30	31				

PRIORIDADES

7 am

8 am

9 am

10 am

11 am

12 am

1 pm

2 pm

3 pm

4 pm

5 pm

6 pm

7 pm

8 pm

9 pm

notas

«Arrepentíos y convertíos, para
que sean borrados vuestros pecados».

HECHOS 3:19, RVR60

13

viernes

PRIORIDADES

....

....

....

....

MARZO 2026

D	L	M	M	J	V	S
1	2	3	4	5	6	7
8	9	10	11	12	13	14
15	16	17	18	19	20	21
22	23	24	25	26	27	28
29	30	31				

7 am

8 am

9 am

10 am

11 am

12 am

1 pm

2 pm

3 pm

4 pm

5 pm

6 pm

7 pm

8 pm

9 pm

notas

«Bendigan a quienes los persigan;
bendigan y no maldigan».

ROMANOS 12:14, NVI

sábado

14

MARZO 2026

D	L	M	M	J	V	S
1	2	3	4	5	6	7
8	9	10	11	12	13	14
15	16	17	18	19	20	21
22	23	24	25	26	27	28
29	30	31				

PRIORIDADES

7 am

8 am

9 am

10 am

11 am

12 am

1 pm

2 pm

3 pm

4 pm

5 pm

6 pm

7 pm

8 pm

9 pm

notas

«Cuando mi mente se llenó de dudas,
tu consuelo renovó mi esperanza
y mi alegría».

SALMO 94:19, NTV

15 domingo

PRIORIDADES

7 am

8 am

9 am

10 am

11 am

12 am

1 pm

2 pm

3 pm

4 pm

5 pm

6 pm

7 pm

8 pm

9 pm

notas

«Señor, tú nos concederás la paz;
en realidad, todo lo que hemos
logrado viene de ti».

ISAÍAS 26:12, NTV

lunes

16

MARZO 2026

D	L	M	M	J	V	S
1	2	3	4	5	6	7
8	9	10	11	12	13	14
15	16	17	18	19	20	21
22	23	24	25	26	27	28
29	30	31				

PRIORIDADES

7 am

8 am

9 am

10 am

11 am

12 am

1 pm

2 pm

3 pm

4 pm

5 pm

6 pm

7 pm

8 pm

9 pm

notas

«Lo mismo sucede con mi palabra. La envío
y siempre produce fruto; logrará todo lo que
yo quiero, y prosperará en todos los lugares
donde yo la envíe».

ISAÍAS 55:11, NTV

17 — martes

PRIORIDADES

....

....

....

....

MARZO 2026

D	L	M	M	J	V	S
1	2	3	4	5	6	7
8	9	10	11	12	13	14
15	16	17	18	19	20	21
22	23	24	25	26	27	28
29	30	31				

7 am

8 am

9 am

10 am

11 am

12 am

1 pm

2 pm

3 pm

4 pm

5 pm

6 pm

7 pm

8 pm

9 pm

notas

«"Vengan, pongamos las cosas en claro",
dice el Señor "Aunque sus pecados sean
como escarlata, quedarán blancos
como la nieve. Aunque sean rojos como
la púrpura, quedarán como la lana"».

ISAÍAS 1:18, NVI

miércoles **18**

MARZO 2026

D	L	M	M	J	V	S
1	2	3	4	5	6	7
8	9	10	11	12	13	14
15	16	17	18	19	20	21
22	23	24	25	26	27	28
29	30	31				

PRIORIDADES

7 am

8 am

9 am

10 am

11 am

12 am

1 pm

2 pm

3 pm

4 pm

5 pm

6 pm

7 pm

8 pm

9 pm

notas

«Podemos hacer nuestros planes,
pero el Señor determina nuestros pasos».

PROVERBIOS 16:9, NTV

19 *jueves*

PRIORIDADES

MARZO 2026

D	L	M	M	J	V	S
1	2	3	4	5	6	7
8	9	10	11	12	13	14
15	16	17	18	19	20	21
22	23	24	25	26	27	28
29	30	31				

7 am

8 am

9 am

10 am

11 am

12 am

1 pm

2 pm

3 pm

4 pm

5 pm

6 pm

7 pm

8 pm

9 pm

notas

«En esto consiste el amor: no en que nosotros hayamos amado a Dios, sino en que él nos amó y envió a su Hijo para que fuera ofrecido como sacrificio por el perdón de nuestros pecados».

1 JUAN 4:10, NVI

viernes
20

MARZO 2026

D	L	M	M	J	V	S
1	2	3	4	5	6	7
8	9	10	11	12	13	14
15	16	17	18	19	20	21
22	23	24	25	26	27	28
29	30	31				

PRIORIDADES

7 am

8 am

9 am

10 am

11 am

12 am

1 pm

2 pm

3 pm

4 pm

5 pm

6 pm

7 pm

8 pm

9 pm

notas

«Porque somos hechura de Dios, creados
en Cristo Jesús para buenas obras, las
cuales Dios dispuso de antemano a fin
de que las pongamos en práctica».

EFESIOS 2:10, NVI

21 — sábado

PRIORIDADES

MARZO 2026

D	L	M	M	J	V	S
1	2	3	4	5	6	7
8	9	10	11	12	13	14
15	16	17	18	19	20	21
22	23	24	25	26	27	28
29	30	31				

7 am

8 am

9 am

10 am

11 am

12 am

1 pm

2 pm

3 pm

4 pm

5 pm

6 pm

7 pm

8 pm

9 pm

notas

«Porque tú, oh Señor Jehová,
eres mi esperanza, seguridad mía
desde mi juventud».

SALMO 71:5, RVR60

domingo **22**

MARZO 2026

D	L	M	M	J	V	S
1	2	3	4	5	6	7
8	9	10	11	12	13	14
15	16	17	18	19	20	21
22	23	24	25	26	27	28
29	30	31				

PRIORIDADES

7 am

8 am

9 am

10 am

11 am

12 am

1 pm

2 pm

3 pm

4 pm

5 pm

6 pm

7 pm

8 pm

9 pm

notas

«Tengan la misma actitud
que tuvo Cristo Jesús».

HEBREOS 12:2, NTV

23 lunes

PRIORIDADES

MARZO 2026

D	L	M	M	J	V	S
1	2	3	4	5	6	7
8	9	10	11	12	13	14
15	16	17	18	19	20	21
22	23	24	25	26	27	28
29	30	31				

7 am

8 am

9 am

10 am

11 am

12 am

1 pm

2 pm

3 pm

4 pm

5 pm

6 pm

7 pm

8 pm

9 pm

notas

«El Señor dice:
"Te guiaré por el mejor sendero
para tu vida; te aconsejaré
y velaré por ti"».

SALMO 32:8, NTV

martes **24**

MARZO 2026

D	L	M	M	J	V	S
1	2	3	4	5	6	7
8	9	10	11	12	13	14
15	16	17	18	19	20	21
22	23	24	25	26	27	28
29	30	31				

PRIORIDADES

7 am

8 am

9 am

10 am

11 am

12 am

1 pm

2 pm

3 pm

4 pm

5 pm

6 pm

7 pm

8 pm

9 pm

notas

«La sabiduría es lo primero.
¡Adquiere sabiduría!
Por sobre todas las posesiones,
adquiere discernimiento».

PROVERBIOS 4:7, NVI

25 — *miércoles*

PRIORIDADES

MARZO 2026

D	L	M	M	J	V	S
1	2	3	4	5	6	7
8	9	10	11	12	13	14
15	16	17	18	19	20	21
22	23	24	25	26	27	28
29	30	31				

7 am

8 am

9 am

10 am

11 am

12 am

1 pm

2 pm

3 pm

4 pm

5 pm

6 pm

7 pm

8 pm

9 pm

notas

«Es mejor refugiarse en el Señor
que confiar en la gente».

SALMO 118:8, NTV

jueves **26**

MARZO 2026

D	L	M	M	J	V	S
1	2	3	4	5	6	7
8	9	10	11	12	13	14
15	16	17	18	19	20	21
22	23	24	25	26	27	28
29	30	31				

PRIORIDADES

7 am

8 am

9 am

10 am

11 am

12 am

1 pm

2 pm

3 pm

4 pm

5 pm

6 pm

7 pm

8 pm

9 pm

notas

«Mas tú, Jehová, eres escudo
alrededor de mí; mi gloria, y el
que levanta mi cabeza».

SALMO 3:3, RVR60

27 — viernes

PRIORIDADES

MARZO 2026

D	L	M	M	J	V	S
1	2	3	4	5	6	7
8	9	10	11	12	13	14
15	16	17	18	19	20	21
22	23	24	25	26	27	28
29	30	31				

7 am

8 am

9 am

10 am

11 am

12 am

1 pm

2 pm

3 pm

4 pm

5 pm

6 pm

7 pm

8 pm

9 pm

notas

«Señor hazme conocer tus caminos;
y enséñame tus sendas».

SALMO 25:4, NVI

sábado
28

MARZO 2026

D	L	M	M	J	V	S
	1	2	3	4	5	6
7	8	9	10	11	12	13
14	15	16	17	18	19	20
21	22	23	24	25	26	27
28	29	30	31			

PRIORIDADES

7 am
8 am
9 am
10 am
11 am
12 am
1 pm
2 pm
3 pm
4 pm
5 pm
6 pm
7 pm
8 pm
9 pm

notas

«Él sana a los quebrantados de corazón,
y venda sus heridas».

SALMO 147:3, RVR60

29 — domingo

PRIORIDADES

MARZO 2026

D	L	M	M	J	V	S
1	2	3	4	5	6	7
8	9	10	11	12	13	14
15	16	17	18	19	20	21
22	23	24	25	26	27	28
29	30	31				

7 am

8 am

9 am

10 am

11 am

12 am

1 pm

2 pm

3 pm

4 pm

5 pm

6 pm

7 pm

8 pm

9 pm

notas

«Manténganse firmes y aguarden
con paciencia la venida del Señor,
que ya se acerca».

SANTIAGO 5:8, NVI

lunes

30

MARZO 2026

D	L	M	M	J	V	S
	1	2	3	4	5	6	7
8	9	10	11	12	13	14
15	16	17	18	19	20	21
22	23	24	25	26	27	28
29	30	31				

PRIORIDADES

7 am

8 am

9 am

10 am

11 am

12 am

1 pm

2 pm

3 pm

4 pm

5 pm

6 pm

7 pm

8 pm

9 pm

notas

«Que te conceda lo que tu corazón desea;
que haga que se cumplan todos tus planes».

SALMO 20:4, NVI

31   *martes*

PRIORIDADES

MARZO 2026

D	L	M	M	J	V	S
1	2	3	4	5	6	7
8	9	10	11	12	13	14
15	16	17	18	19	20	21
22	23	24	25	26	27	28
29	30	31				

7 am

8 am

9 am

10 am

11 am

12 am

1 pm

2 pm

3 pm

4 pm

5 pm

6 pm

7 pm

8 pm

9 pm

notas

«No tengan miedo, mi rebaño pequeño,
porque es la buena voluntad
del Padre darles el reino».

LUCAS 12:32, NVI

Abril

Abril 2026

DOMINGO	LUNES	MARTES	MIÉRCOLES
			1
5	6	7	8
12	13	14	15
19	20	21	22
26	27	28	29

JUEVES	VIERNES	SÁBADO	notas
2	**3**	**4**	
9	**10**	**11**	
16	**17**	**18**	
23	**24**	**25**	
30			

MARZO 2026

D	L	M	M	J	V	S
1	2	3	4	5	6	7
8	9	10	11	12	13	14
15	16	17	18	19	20	21
22	23	24	25	26	27	28
29	30	31				

MAYO 2026

D	L	M	M	J	V	S
					1	2
3	4	5	6	7	8	9
10	11	12	13	14	15	16
17	18	19	20	21	22	23
24	25	26	27	28	29	30
31						

Plan mensual

PRIORIDADES DEL MES

OBJETIVOS PERSONALES

OBJETIVOS GENERALES

Presupuesto mensual

CUENTAS	FECHA	CANTIDAD	PAGO	BALANCE

«De ti proceden la riqueza y el honor».
1 CRÓNICAS 29:12, LBLA

TOTAL

01 *miércoles*

PRIORIDADES

ABRIL 2026

D	L	M	M	J	V	S
			1	2	3	4
5	6	7	8	9	10	11
12	13	14	15	16	17	18
19	20	21	22	23	24	25
26	27	28	29	30		

7 am

8 am

9 am

10 am

11 am

12 am

1 pm

2 pm

3 pm

4 pm

5 pm

6 pm

7 pm

8 pm

9 pm

notas

«Pon todo lo que hagas en manos del Señor, y tus planes tendrán éxito».

PROVERBIOS 16:3, NTV

jueves

02

ABRIL 2026

D	L	M	M	J	V	S
			1	2	3	4
5	6	7	8	9	10	11
12	13	14	15	16	17	18
19	20	21	22	23	24	25
26	27	28	29	30		

PRIORIDADES

7 am

8 am

9 am

10 am

11 am

12 am

1 pm

2 pm

3 pm

4 pm

5 pm

6 pm

7 pm

8 pm

9 pm

notas

«De cierto os digo, que el que no reciba
el reino de Dios como un niño,
no entrará en él».

MARCOS 10:15, RVR60

03 *viernes*

PRIORIDADES

ABRIL 2026

D	L	M	M	J	V	S
			1	2	3	4
5	6	7	8	9	10	11
12	13	14	15	16	17	18
19	20	21	22	23	24	25
26	27	28	29	30		

7 am

8 am

9 am

10 am

11 am

12 am

1 pm

2 pm

3 pm

4 pm

5 pm

6 pm

7 pm

8 pm

9 pm

notas

«Señor, ¡ten compasión de nosotros;
pues en ti esperamos! Sé nuestra fortaleza
cada mañana, nuestra salvación
en tiempo de angustia».

ISAÍAS 33:2, NVI

sábado **04**

ABRIL 2026

D	L	M	M	J	V	S
			1	2	3	4
5	6	7	8	9	10	11
12	13	14	15	16	17	18
19	20	21	22	23	24	25
26	27	28	29	30		

PRIORIDADES

7 am

8 am

9 am

10 am

11 am

12 am

1 pm

2 pm

3 pm

4 pm

5 pm

6 pm

7 pm

8 pm

9 pm

notas

«Y no solo en esto, sino también en nuestros sufrimientos, porque sabemos que el sufrimiento produce perseverancia; la perseverancia, entereza de carácter; la entereza de carácter, esperanza».

ROMANOS 5:3-4, NVI

05 — *domingo*

PRIORIDADES

ABRIL 2026

D	L	M	M	J	V	S
			1	2	3	4
5	6	7	8	9	10	11
12	13	14	15	16	17	18
19	20	21	22	23	24	25
26	27	28	29	30		

7 am

8 am

9 am

10 am

11 am

12 am

1 pm

2 pm

3 pm

4 pm

5 pm

6 pm

7 pm

8 pm

9 pm

notas

«Así que acerquémonos confiadamente
al trono de la gracia para recibir la
misericordia y encontrar la gracia
que nos ayuden oportunamente».

HEBREOS 4:16, NVI

lunes
06

ABRIL 2026

D	L	M	M	J	V	S
			1	2	3	4
5	6	7	8	9	10	11
12	13	14	15	16	17	18
19	20	21	22	23	24	25
26	27	28	29	30		

PRIORIDADES

7 am

8 am

9 am

10 am

11 am

12 am

1 pm

2 pm

3 pm

4 pm

5 pm

6 pm

7 pm

8 pm

9 pm

notas

«El Señor abrirá los cielos, su generoso tesoro, para derramar a su debido tiempo la lluvia sobre la tierra y para bendecir todo el trabajo de tus manos».

DEUTERONOMIO 28:12, NVI

07 *martes*

PRIORIDADES

ABRIL 2026

D	L	M	M	J	V	S
			1	2	3	4
5	6	7	8	9	10	11
12	13	14	15	16	17	18
19	20	21	22	23	24	25
26	27	28	29	30		

7 am

8 am

9 am

10 am

11 am

12 am

1 pm

2 pm

3 pm

4 pm

5 pm

6 pm

7 pm

8 pm

9 pm

notas

«Así que no se preocupen por el mañana,
porque el día de mañana traerá sus propias
preocupaciones. Los problemas del día
de hoy son suficientes por hoy».

MATEO 6:34, NTV

ABRIL 2026

D	L	M	M	J	V	S
			1	2	3	4
5	6	7	8	9	10	11
12	13	14	15	16	17	18
19	20	21	22	23	24	25
26	27	28	29	30		

miércoles

08

PRIORIDADES

7 am

8 am

9 am

10 am

11 am

12 am

1 pm

2 pm

3 pm

4 pm

5 pm

6 pm

7 pm

8 pm

9 pm

notas

«El Señor es compasivo y misericordioso,
lento para enojarse y está lleno
de amor inagotable».

SALMO 103:8, NTV

09   *jueves*

PRIORIDADES

ABRIL 2026

D	L	M	M	J	V	S
			1	2	3	4
5	6	7	8	9	10	11
12	13	14	15	16	17	18
19	20	21	22	23	24	25
26	27	28	29	30		

7 am

8 am

9 am

10 am

11 am

12 am

1 pm

2 pm

3 pm

4 pm

5 pm

6 pm

7 pm

8 pm

9 pm

notas

«Tú eres mi fuerza; espero que me rescates,
porque tú, oh Dios, eres mi fortaleza».

SALMO 59:9, NTV

viernes
10

ABRIL 2026

D	L	M	M	J	V	S
			1	2	3	4
5	6	7	8	9	10	11
12	13	14	15	16	17	18
19	20	21	22	23	24	25
26	27	28	29	30		

PRIORIDADES

7 am

8 am

9 am

10 am

11 am

12 am

1 pm

2 pm

3 pm

4 pm

5 pm

6 pm

7 pm

8 pm

9 pm

notas

«En esa esperanza fuimos salvados. Pero esperar lo que ya se ve no es esperanza. ¿Quién espera lo que ya ve? Pero si esperamos lo que todavía no vemos, en la espera mostramos nuestra constancia».

ROMANOS 8:24-25, NVI

11 sábado

PRIORIDADES

ABRIL 2026

D	L	M	M	J	V	S
			1	2	3	4
5	6	7	8	9	10	11
12	13	14	15	16	17	18
19	20	21	22	23	24	25
26	27	28	29	30		

7 am

8 am

9 am

10 am

11 am

12 am

1 pm

2 pm

3 pm

4 pm

5 pm

6 pm

7 pm

8 pm

9 pm

notas

«Dios, que es rico en misericordia, por su gran amor por nosotros, nos dio vida con Cristo, aun cuando estábamos muertos en pecados.¡Por gracia ustedes han sido salvados!».

EFESIOS 2:4-5, NVI

domingo

12

ABRIL 2026

D	L	M	M	J	V	S
			1	2	3	4
5	6	7	8	9	10	11
12	13	14	15	16	17	18
19	20	21	22	23	24	25
26	27	28	29	30		

PRIORIDADES

7 am

8 am

9 am

10 am

11 am

12 am

1 pm

2 pm

3 pm

4 pm

5 pm

6 pm

7 pm

8 pm

9 pm

notas

«El Señor es mi fuerza y mi canción;
¡él es mi salvación! Él es mi Dios y
lo alabaré; es el Dios de mi padre
y lo enalteceré».

ÉXODO 15:2, NVI

13 *lunes*

PRIORIDADES

ABRIL 2026

D	L	M	M	J	V	S
			1	2	3	4
5	6	7	8	9	10	11
12	13	14	15	16	17	18
19	20	21	22	23	24	25
26	27	28	29	30		

7 am

8 am

9 am

10 am

11 am

12 am

1 pm

2 pm

3 pm

4 pm

5 pm

6 pm

7 pm

8 pm

9 pm

notas

«El Señor es mi luz y mi salvación;
¿a quién temeré? El Señor es el baluarte
de mi vida; ¿quién me asustará?».

SALMO 27:1, NVI

martes
14

ABRIL 2026

D	L	M	M	J	V	S
			1	2	3	4
5	6	7	8	9	10	11
12	13	14	15	16	17	18
19	20	21	22	23	24	25
26	27	28	29	30		

PRIORIDADES

7 am

8 am

9 am

10 am

11 am

12 am

1 pm

2 pm

3 pm

4 pm

5 pm

6 pm

7 pm

8 pm

9 pm

notas

«El Señor tu Dios, está en medio de ti como poderoso guerrero que salva. Se deleitará en ti con gozo, te renovará con su amor, se alegrará por ti con cantos».

SOFONÍAS 3:17, NVI

15 miércoles

PRIORIDADES

<table>
<tr><td colspan="7" align="center">**ABRIL 2026**</td></tr>
<tr><td>D</td><td>L</td><td>M</td><td>M</td><td>J</td><td>V</td><td>S</td></tr>
<tr><td></td><td></td><td></td><td>1</td><td>2</td><td>3</td><td>4</td></tr>
<tr><td>5</td><td>6</td><td>7</td><td>8</td><td>9</td><td>10</td><td>11</td></tr>
<tr><td>12</td><td>13</td><td>14</td><td>15</td><td>16</td><td>17</td><td>18</td></tr>
<tr><td>19</td><td>20</td><td>21</td><td>22</td><td>23</td><td>24</td><td>25</td></tr>
<tr><td>26</td><td>27</td><td>28</td><td>29</td><td>30</td><td></td><td></td></tr>
</table>

7 am

8 am

9 am

10 am

11 am

12 am

1 pm

2 pm

3 pm

4 pm

5 pm

6 pm

7 pm

8 pm

9 pm

notas

«¡Él te ha mostrado, oh mortal, lo que es bueno! ¿Y qué es lo que espera de ti el SEÑOR?: Practicar la justicia, amar la misericordia y caminar humildemente ante tu Dios».

MIQUEAS 6:8, NVI

jueves **16**

ABRIL 2026

D	L	M	M	J	V	S
			1	2	3	4
5	6	7	8	9	10	11
12	13	14	15	16	17	18
19	20	21	22	23	24	25
26	27	28	29	30		

PRIORIDADES

7 am
8 am
9 am
10 am
11 am
12 am
1 pm
2 pm
3 pm
4 pm
5 pm
6 pm
7 pm
8 pm
9 pm

notas

«Si a alguno de ustedes
le falta sabiduría, pídasela a
Dios y él se la dará, pues Dios
da a todos generosamente
sin menospreciar a nadie».

SANTIAGO 1:5, NVI

17 *viernes*

PRIORIDADES

7 am

8 am

9 am

10 am

11 am

12 am

1 pm

2 pm

3 pm

4 pm

5 pm

6 pm

7 pm

8 pm

9 pm

notas

«Den gracias por todo a Dios el Padre
en el nombre de nuestro Señor Jesucristo».

EFESIOS 5:20, NTV

sábado **18**

ABRIL 2026

D	L	M	M	J	V	S
			1	2	3	4
5	6	7	8	9	10	11
12	13	14	15	16	17	18
19	20	21	22	23	24	25
26	27	28	29	30		

PRIORIDADES

7 am

8 am

9 am

10 am

11 am

12 am

1 pm

2 pm

3 pm

4 pm

5 pm

6 pm

7 pm

8 pm

9 pm

notas

«Guarda silencio ante el Señor y espera en él con paciencia; no te enojes ante el éxito de otros, de los que maquinan planes malvados».

SALMO 37:7, NVI

19 domingo

PRIORIDADES

7 am

8 am

9 am

10 am

11 am

12 am

1 pm

2 pm

3 pm

4 pm

5 pm

6 pm

7 pm

8 pm

9 pm

notas

«Reconócelo en todos tus caminos,
y él enderezará tus veredas».

PROVERBIOS 3:6, RVR60

lunes
20

ABRIL 2026

D	L	M	M	J	V	S
			1	2	3	4
5	6	7	8	9	10	11
12	13	14	15	16	17	18
19	20	21	22	23	24	25
26	27	28	29	30		

PRIORIDADES

7 am

8 am

9 am

10 am

11 am

12 am

1 pm

2 pm

3 pm

4 pm

5 pm

6 pm

7 pm

8 pm

9 pm

notas

«¿Se olvidará la mujer de lo que dio a luz, para dejar de compadecerse del hijo de su vientre? Aunque olvide ella, yo nunca me olvidaré de ti».

ISAÍAS 49:15, RVR60

21 *martes*

PRIORIDADES

....

....

....

....

ABRIL 2026

D	L	M	M	J	V	S
			1	2	3	4
5	6	7	8	9	10	11
12	13	14	15	16	17	18
19	20	21	22	23	24	25
26	27	28	29	30		

7 am

8 am

9 am

10 am

11 am

12 am

1 pm

2 pm

3 pm

4 pm

5 pm

6 pm

7 pm

8 pm

9 pm

notas

«El Señor es mi fuerza
y mi canción;
¡él es mi salvación!».

SALMO 118:14, NVI

miércoles
22

ABRIL 2026

D	L	M	M	J	V	S
			1	2	3	4
5	6	7	8	9	10	11
12	13	14	15	16	17	18
19	20	21	22	23	24	25
26	27	28	29	30		

PRIORIDADES

7 am

8 am

9 am

10 am

11 am

12 am

1 pm

2 pm

3 pm

4 pm

5 pm

6 pm

7 pm

8 pm

9 pm

notas

«Bendito sea el Señor, mi Roca, que
adiestra mis manos para la guerra,
mis dedos para la batalla».

SALMO 144:1, NVI

23 *jueves*

PRIORIDADES

7 am

8 am

9 am

10 am

11 am

12 am

1 pm

2 pm

3 pm

4 pm

5 pm

6 pm

7 pm

8 pm

9 pm

notas

«Lámpara es a mis pies tu palabra,
y lumbrera a mi camino».

SALMO 119:105, RVR60

ABRIL 2026

D	L	M	M	J	V	S
			1	2	3	4
5	6	7	8	9	10	11
12	13	14	15	16	17	18
19	20	21	22	23	24	25
26	27	28	29	30		

viernes

24

PRIORIDADES

7 am

8 am

9 am

10 am

11 am

12 am

1 pm

2 pm

3 pm

4 pm

5 pm

6 pm

7 pm

8 pm

9 pm

notas

«El entrenamiento físico es bueno, pero entrenarse en la sumisión a Dios es mucho mejor, porque promete beneficios en esta vida y en la vida que viene».

1 TIMOTEO 4:8, NTV

25 — *sábado*

PRIORIDADES

ABRIL 2026

D	L	M	M	J	V	S
			1	2	3	4
5	6	7	8	9	10	11
12	13	14	15	16	17	18
19	20	21	22	23	24	25
26	27	28	29	30		

7 am

8 am

9 am

10 am

11 am

12 am

1 pm

2 pm

3 pm

4 pm

5 pm

6 pm

7 pm

8 pm

9 pm

notas

«Porque el que se enaltece será humillado,
y el que se humilla será enaltecido».

MATEO 23:12, RVR60

domingo
26

ABRIL 2026

D	L	M	M	J	V	S
			1	2	3	4
5	6	7	8	9	10	11
12	13	14	15	16	17	18
19	20	21	22	23	24	25
26	27	28	29	30		

PRIORIDADES

7 am

8 am

9 am

10 am

11 am

12 am

1 pm

2 pm

3 pm

4 pm

5 pm

6 pm

7 pm

8 pm

9 pm

notas

«Podrán desfallecer mi cuerpo y mi corazón,
pero Dios es la roca de mi corazón;
él es mi herencia eterna».

SALMO 73:26, NVI

27 *lunes*

PRIORIDADES

ABRIL 2026

D	L	M	M	J	V	S
			1	2	3	4
5	6	7	8	9	10	11
12	13	14	15	16	17	18
19	20	21	22	23	24	25
26	27	28	29	30		

7 am

8 am

9 am

10 am

11 am

12 am

1 pm

2 pm

3 pm

4 pm

5 pm

6 pm

7 pm

8 pm

9 pm

notas

«Por tanto, mi servicio a Dios
es para mí motivo de orgullo
en Cristo Jesús».

ROMANOS 15:17, NVI

martes
28

ABRIL 2026

D	L	M	M	J	V	S
			1	2	3	4
5	6	7	8	9	10	11
12	13	14	15	16	17	18
19	20	21	22	23	24	25
26	27	28	29	30		

PRIORIDADES

7 am

8 am

9 am

10 am

11 am

12 am

1 pm

2 pm

3 pm

4 pm

5 pm

6 pm

7 pm

8 pm

9 pm

notas

«Porque por fe andamos,
no por vista».

2 CORINTIOS 5:7, RVR60

29   *miércoles*

PRIORIDADES

ABRIL 2026

D	L	M	M	J	V	S
			1	2	3	4
5	6	7	8	9	10	11
12	13	14	15	16	17	18
19	20	21	22	23	24	25
26	27	28	29	30		

7 am

8 am

9 am

10 am

11 am

12 am

1 pm

2 pm

3 pm

4 pm

5 pm

6 pm

7 pm

8 pm

9 pm

notas

«Envía paz por toda tu nación
y te sacia el hambre con el mejor trigo».

SALMO 147:14, NTV

jueves
30

ABRIL 2026

D	L	M	M	J	V	S
			1	2	3	4
5	6	7	8	9	10	11
12	13	14	15	16	17	18
19	20	21	22	23	24	25
26	27	28	29	30		

PRIORIDADES

7 am
8 am
9 am
10 am
11 am
12 am
1 pm
2 pm
3 pm
4 pm
5 pm
6 pm
7 pm
8 pm
9 pm

notas

«Crean que ya han recibido
todo lo que estén pidiendo en oración
y lo obtendrán».

MARCOS 11:24, NVI

notas

Mayo

«Todo lo puedo en Cristo que me fortalece».

FILIPENSES 4:13, RVR60

Mayo 2026

DOMINGO	LUNES	MARTES	MIÉRCOLES
3	4	5	6
10	11	12	13
17	18	19	20
24	25	26	27
31			

notas

JUEVES	VIERNES	SÁBADO
	1	2
7	8	9
14	15	16
21	22	23
28	29	30

ABRIL 2026

D	L	M	M	J	V	S
			1	2	3	4
5	6	7	8	9	10	11
12	13	14	15	16	17	18
19	20	21	22	23	24	25
26	27	28	29	30		

JUNIO 2026

D	L	M	M	J	V	S
	1	2	3	4	5	6
7	8	9	10	11	12	13
14	15	16	17	18	19	20
21	22	23	24	25	26	27
28	29	30				

Plan mensual

PRIORIDADES DEL MES

OBJETIVOS PERSONALES

OBJETIVOS GENERALES

Presupuesto mensual

CUENTAS	FECHA	CANTIDAD	PAGO	BALANCE

«Más vale adquirir sabiduría que oro».
PROVERBIOS 16:16, LBLA

TOTAL

01 *viernes*

PRIORIDADES

....

....

....

....

MAYO 2026

D	L	M	M	J	V	S
					1	2
3	4	5	6	7	8	9
10	11	12	13	14	15	16
17	18	19	20	21	22	23
24	25	26	27	28	29	30
31						

7 am

8 am

9 am

10 am

11 am

12 am

1 pm

2 pm

3 pm

4 pm

5 pm

6 pm

7 pm

8 pm

9 pm

notas

«Así como el Padre me ha amado a mí,
también yo los he amado a ustedes.
Permanezcan en mi amor».

JUAN 15:9, NVI

MAYO 2026

D	L	M	M	J	V	S
					1	2
3	4	5	6	7	8	9
10	11	12	13	14	15	16
17	18	19	20	21	22	23
24	25	26	27	28	29	30
31						

sábado **02**

PRIORIDADES

7 am

8 am

9 am

10 am

11 am

12 am

1 pm

2 pm

3 pm

4 pm

5 pm

6 pm

7 pm

8 pm

9 pm

notas

«Levanten el escudo de la fe para detener las flechas encendidas del diablo».

EFESIOS 6:16, NTV

03 *domingo*

PRIORIDADES

....

....

....

....

MAYO 2026

D	L	M	M	J	V	S
					1	2
3	4	5	6	7	8	9
10	11	12	13	14	15	16
17	18	19	20	21	22	23
24	25	26	27	28	29	30
31						

7 am

8 am

9 am

10 am

11 am

12 am

1 pm

2 pm

3 pm

4 pm

5 pm

6 pm

7 pm

8 pm

9 pm

notas

«Sean comprensivos con las faltas de los demás y perdonen a todo el que los ofenda. Recuerden que el Señor los perdonó a ustedes, así que ustedes deben perdonar a otros».

COLOSENSES 3:13, NTV

MAYO 2026

D	L	M	M	J	V	S
					1	2
3	4	5	6	7	8	9
10	11	12	13	14	15	16
17	18	19	20	21	22	23
24	25	26	27	28	29	30
31						

lunes

04

PRIORIDADES

7 am

8 am

9 am

10 am

11 am

12 am

1 pm

2 pm

3 pm

4 pm

5 pm

6 pm

7 pm

8 pm

9 pm

notas

«La esperanza no avergüenza;
porque el amor de Dios ha sido
derramado en nuestros corazones
por el Espíritu Santo que nos
fue dado».

ROMANOS 5:5, RVR60

05   *martes*

PRIORIDADES

MAYO 2026

D	L	M	M	J	V	S
					1	2
3	4	5	6	7	8	9
10	11	12	13	14	15	16
17	18	19	20	21	22	23
24	25	26	27	28	29	30
31						

7 am

8 am

9 am

10 am

11 am

12 am

1 pm

2 pm

3 pm

4 pm

5 pm

6 pm

7 pm

8 pm

9 pm

notas

«No se amolden al mundo actual, sino sean transformados mediante la renovación de su mente. Así podrán comprobar cómo es la voluntad de Dios: buena, agradable y perfecta».

ROMANOS 12:2, NTV

miércoles **06**

MAYO 2026

D	L	M	M	J	V	S
					1	2
3	4	5	6	7	8	9
10	11	12	13	14	15	16
17	18	19	20	21	22	23
24	25	26	27	28	29	30
31						

PRIORIDADES

7 am

8 am

9 am

10 am

11 am

12 am

1 pm

2 pm

3 pm

4 pm

5 pm

6 pm

7 pm

8 pm

9 pm

notas

«Toda buena dádiva y toda perfecta bendición descienden de lo alto, donde está el Padre que creó las lumbreras celestes, y quien no cambia ni se mueve como las sombras».

SANTIAGO 1:17, NVI

07 *jueves*

PRIORIDADES

MAYO 2026

D	L	M	M	J	V	S
					1	2
3	4	5	6	7	8	9
10	11	12	13	14	15	16
17	18	19	20	21	22	23
24	25	26	27	28	29	30
31						

7 am

8 am

9 am

10 am

11 am

12 am

1 pm

2 pm

3 pm

4 pm

5 pm

6 pm

7 pm

8 pm

9 pm

notas

«Den y se les dará: se les echará en el regazo una medida llena, apretada, sacudida y desbordante. Porque con la medida con que midan a otros, se les medirá a ustedes».

LUCAS 6:38, NVI

viernes **08**

MAYO 2026

D	L	M	M	J	V	S
					1	2
3	4	5	6	7	8	9
10	11	12	13	14	15	16
17	18	19	20	21	22	23
24	25	26	27	28	29	30
31						

PRIORIDADES

7 am
8 am
9 am
10 am
11 am
12 am
1 pm
2 pm
3 pm
4 pm
5 pm
6 pm
7 pm
8 pm
9 pm

notas

«Si se conducen según mis estatutos y obedecen fielmente mis mandamientos, yo enviaré lluvia a su tiempo, y la tierra y los árboles del campo darán sus frutos».

LEVÍTICO 26:3-4, NVI

09 — *sábado*

PRIORIDADES

MAYO 2026

D	L	M	M	J	V	S
					1	2
3	4	5	6	7	8	9
10	11	12	13	14	15	16
17	18	19	20	21	22	23
24	25	26	27	28	29	30
31						

7 am

8 am

9 am

10 am

11 am

12 am

1 pm

2 pm

3 pm

4 pm

5 pm

6 pm

7 pm

8 pm

9 pm

notas

«Derramaré agua para calmar tu sed
y para regar tus campos resecos;
derramaré mi Espíritu sobre tus
descendientes, y mi bendición
sobre tus hijos».

ISAÍAS 44:3, NTV

domingo **10**

MAYO 2026

D	L	M	M	J	V	S
					1	2
3	4	5	6	7	8	9
10	11	12	13	14	15	16
17	18	19	20	21	22	23
24	25	26	27	28	29	30
31						

PRIORIDADES

7 am

8 am

9 am

10 am

11 am

12 am

1 pm

2 pm

3 pm

4 pm

5 pm

6 pm

7 pm

8 pm

9 pm

notas

«¿Qué, pues, diremos a esto?
Si Dios es por nosotros,
¿quién contra nosotros?».

ROMANOS 8:31, RVR60

11   *lunes*

PRIORIDADES

MAYO 2026

D	L	M	M	J	V	S
					1	2
3	4	5	6	7	8	9
10	11	12	13	14	15	16
17	18	19	20	21	22	23
24	25	26	27	28	29	30
31						

7 am

8 am

9 am

10 am

11 am

12 am

1 pm

2 pm

3 pm

4 pm

5 pm

6 pm

7 pm

8 pm

9 pm

notas

«Por la mañana hazme saber de tu gran
amor, porque en ti he puesto mi confianza.
Señálame el camino que debo seguir,
porque a ti elevo mi alma».

SALMO 143:8, NVI

martes **12**

MAYO 2026

D	L	M	M	J	V	S
					1	2
3	4	5	6	7	8	9
10	11	12	13	14	15	16
17	18	19	20	21	22	23
24	25	26	27	28	29	30
31						

PRIORIDADES

7 am

8 am

9 am

10 am

11 am

12 am

1 pm

2 pm

3 pm

4 pm

5 pm

6 pm

7 pm

8 pm

9 pm

notas

«Torre fuerte es el nombre del
Señor; a ella corren los
justos y se ponen a salvo».

PROVERBIOS 18:10, NVI

13 *miércoles*

PRIORIDADES

7 am

8 am

9 am

10 am

11 am

12 am

1 pm

2 pm

3 pm

4 pm

5 pm

6 pm

7 pm

8 pm

9 pm

notas

«El que va tras la justicia
y el amor halla vida, justicia
y honra».

PROVERBIOS 21:21, NVI

jueves
14

MAYO 2026

D	L	M	M	J	V	S
					1	2
3	4	5	6	7	8	9
10	11	12	13	14	15	16
17	18	19	20	21	22	23
24	25	26	27	28	29	30
31						

PRIORIDADES

7 am

8 am

9 am

10 am

11 am

12 am

1 pm

2 pm

3 pm

4 pm

5 pm

6 pm

7 pm

8 pm

9 pm

notas

«Así que yo digo: Pidan y se les dará; busquen y encontrarán; llamen y se les abrirá. Porque todo el que pide, recibe; el que busca, encuentra y al que llama, se le abre».

LUCAS 11:9-10, NVI

15 *viernes*

PRIORIDADES

MAYO 2026

D	L	M	M	J	V	S
					1	2
3	4	5	6	7	8	9
10	11	12	13	14	15	16
17	18	19	20	21	22	23
24	25	26	27	28	29	30
31						

7 am

8 am

9 am

10 am

11 am

12 am

1 pm

2 pm

3 pm

4 pm

5 pm

6 pm

7 pm

8 pm

9 pm

notas

«Convertiste mi lamento en danza;
me quitaste la ropa de luto
y me vestiste de alegría».

SALMO 30:11, NVI

sábado **16**

MAYO 2026

D	L	M	M	J	V	S
					1	2
3	4	5	6	7	8	9
10	11	12	13	14	15	16
17	18	19	20	21	22	23
24	25	26	27	28	29	30
31						

PRIORIDADES

7 am

8 am

9 am

10 am

11 am

12 am

1 pm

2 pm

3 pm

4 pm

5 pm

6 pm

7 pm

8 pm

9 pm

notas

«Pero la verdadera sabiduría y el poder
se encuentran en Dios; el consejo y
el entendimiento le pertenecen».

JOB 12:13, NTV

17   *domingo*

PRIORIDADES

....
....
....
....

MAYO 2026

D	L	M	M	J	V	S
					1	2
3	4	5	6	7	8	9
10	11	12	13	14	15	16
17	18	19	20	21	22	23
24	25	26	27	28	29	30
31						

7 am

8 am

9 am

10 am

11 am

12 am

1 pm

2 pm

3 pm

4 pm

5 pm

6 pm

7 pm

8 pm

9 pm

notas

«Cada uno ponga al servicio
de los demás el don que haya
recibido, administrando bien
la gracia de Dios en sus
diversas formas».

1 PEDRO 4:10, NVI

lunes **18**

MAYO 2026

D	L	M	M	J	V	S
					1	2
3	4	5	6	7	8	9
10	11	12	13	14	15	16
17	18	19	20	21	22	23
24	25	26	27	28	29	30
31						

PRIORIDADES

7 am

8 am

9 am

10 am

11 am

12 am

1 pm

2 pm

3 pm

4 pm

5 pm

6 pm

7 pm

8 pm

9 pm

notas

«¡Bendito sea Dios, Padre de nuestro Señor Jesucristo! Por su gran misericordia, nos ha hecho nacer de nuevo mediante la resurrección de Jesucristo de entre los muertos, para que tengamos una esperanza viva».

1 PEDRO 1:3, NVI

19   *martes*

PRIORIDADES

....

....

....

....

MAYO 2026

D	L	M	M	J	V	S
					1	2
3	4	5	6	7	8	9
10	11	12	13	14	15	16
17	18	19	20	21	22	23
24	25	26	27	28	29	30
31						

7 am

8 am

9 am

10 am

11 am

12 am

1 pm

2 pm

3 pm

4 pm

5 pm

6 pm

7 pm

8 pm

9 pm

notas

«El entendido en la palabra hallará el bien, y el que confía en Jehová es bienaventurado».

PROVERBIOS 16:20, RVR60

miércoles
20

MAYO 2026

D	L	M	M	J	V	S
					1	2
3	4	5	6	7	8	9
10	11	12	13	14	15	16
17	18	19	20	21	22	23
24	25	26	27	28	29	30
31						

PRIORIDADES

7 am

8 am

9 am

10 am

11 am

12 am

1 pm

2 pm

3 pm

4 pm

5 pm

6 pm

7 pm

8 pm

9 pm

notas

«No nos cansemos, pues, de hacer bien; porque a su tiempo segaremos, si no desmayamos».

GÁLATAS 6:9, RVR60

21
jueves

PRIORIDADES

MAYO 2026

D	L	M	M	J	V	S
					1	2
3	4	5	6	7	8	9
10	11	12	13	14	15	16
17	18	19	20	21	22	23
24	25	26	27	28	29	30
31						

7 am

8 am

9 am

10 am

11 am

12 am

1 pm

2 pm

3 pm

4 pm

5 pm

6 pm

7 pm

8 pm

9 pm

notas

«El camino de Dios es
perfecto; la palabra del Señor
es intachable. Escudo es Dios
a los que se refugian en él».

SALMO 18:30, NVI

viernes **22**

MAYO 2026

D	L	M	M	J	V	S
					1	2
3	4	5	6	7	8	9
10	11	12	13	14	15	16
17	18	19	20	21	22	23
24	25	26	27	28	29	30
31						

PRIORIDADES

7 am

8 am

9 am

10 am

11 am

12 am

1 pm

2 pm

3 pm

4 pm

5 pm

6 pm

7 pm

8 pm

9 pm

notas

«Quédense quietos, reconozcan
que yo soy Dios. ¡Seré exaltado
entre las naciones! ¡Seré
enaltecido en la tierra!».

SALMO 46:10, NVI

23 · sábado

PRIORIDADES

MAYO 2026

D	L	M	M	J	V	S
					1	2
3	4	5	6	7	8	9
10	11	12	13	14	15	16
17	18	19	20	21	22	23
24	25	26	27	28	29	30
31						

7 am

8 am

9 am

10 am

11 am

12 am

1 pm

2 pm

3 pm

4 pm

5 pm

6 pm

7 pm

8 pm

9 pm

notas

«Porque nada hay
imposible para Dios».

LUCAS 1:37, RVR60

MAYO 2026

D	L	M	M	J	V	S
					1	2
3	4	5	6	7	8	9
10	11	12	13	14	15	16
17	18	19	20	21	22	23
24	25	26	27	28	29	30
31						

domingo **24**

PRIORIDADES

7 am

8 am

9 am

10 am

11 am

12 am

1 pm

2 pm

3 pm

4 pm

5 pm

6 pm

7 pm

8 pm

9 pm

notas

«Busquen el reino de Dios
por encima de todo lo demás
y lleven una vida justa, y él les
dará todo lo que necesiten».

MATEO 6:33, NTV

25 *lunes*

PRIORIDADES

7 am

8 am

9 am

10 am

11 am

12 am

1 pm

2 pm

3 pm

4 pm

5 pm

6 pm

7 pm

8 pm

9 pm

notas

«Por tanto, reconoce que el Señor
tu Dios es el único Dios, el Dios fiel,
que cumple su pacto por mil generaciones
y muestra su fiel amor a quienes lo
aman y obedecen sus mandamientos».

DEUTERONOMIO 7:9, NVI

MAYO 2026

D	L	M	M	J	V	S
					1	2
3	4	5	6	7	8	9
10	11	12	13	14	15	16
17	18	19	20	21	22	23
24	25	26	27	28	29	30
31						

martes

26

PRIORIDADES

7 am

8 am

9 am

10 am

11 am

12 am

1 pm

2 pm

3 pm

4 pm

5 pm

6 pm

7 pm

8 pm

9 pm

notas

«Tan compasivo es el Señor con los que le temen como lo es un padre con sus hijos».

SALMO 103:13, NVI

27
miércoles

PRIORIDADES

MAYO 2026

D	L	M	M	J	V	S
					1	2
3	4	5	6	7	8	9
10	11	12	13	14	15	16
17	18	19	20	21	22	23
24	25	26	27	28	29	30
31						

7 am

8 am

9 am

10 am

11 am

12 am

1 pm

2 pm

3 pm

4 pm

5 pm

6 pm

7 pm

8 pm

9 pm

notas

«Porque el Señor da la sabiduría;
conocimiento e inteligencia brotan
de sus labios».

PROVERBIOS 2:6, NVI

jueves **28**

MAYO 2026

D	L	M	M	J	V	S
					1	2
3	4	5	6	7	8	9
10	11	12	13	14	15	16
17	18	19	20	21	22	23
24	25	26	27	28	29	30
31						

PRIORIDADES

7 am

8 am

9 am

10 am

11 am

12 am

1 pm

2 pm

3 pm

4 pm

5 pm

6 pm

7 pm

8 pm

9 pm

notas

«Las cosas que se escribieron antes, para nuestra enseñanza se escribieron, a fin de que por la paciencia y la consolación de las Escrituras, tengamos esperanza».

ROMANOS 15:4, RVR60

29 viernes

PRIORIDADES

MAYO 2026

D	L	M	M	J	V	S
					1	2
3	4	5	6	7	8	9
10	11	12	13	14	15	16
17	18	19	20	21	22	23
24	25	26	27	28	29	30
31						

7 am

8 am

9 am

10 am

11 am

12 am

1 pm

2 pm

3 pm

4 pm

5 pm

6 pm

7 pm

8 pm

9 pm

notas

«En Cristo también fuimos hechos herederos, pues fuimos predestinados según el plan de aquel que hace todas las cosas conforme al designio de su voluntad».

EFESIOS 1:11, NVI

sábado
30

MAYO 2026

D	L	M	M	J	V	S
					1	2
3	4	5	6	7	8	9
10	11	12	13	14	15	16
17	18	19	20	21	22	23
24	25	26	27	28	29	30
31						

PRIORIDADES

7 am
8 am
9 am
10 am
11 am
12 am
1 pm
2 pm
3 pm
4 pm
5 pm
6 pm
7 pm
8 pm
9 pm

notas

«Dios es tan rico en gracia y bondad que compró nuestra libertad con la sangre de su Hijo y perdonó nuestros pecados».

EFESIOS 1:7, NTV

31 · domingo

PRIORIDADES

MAYO 2026

D	L	M	M	J	V	S
					1	2
3	4	5	6	7	8	9
10	11	12	13	14	15	16
17	18	19	20	21	22	23
24	25	26	27	28	29	30
31						

7 am
8 am
9 am
10 am
11 am
12 am
1 pm
2 pm
3 pm
4 pm
5 pm
6 pm
7 pm
8 pm
9 pm

notas

«Joven fui, y he envejecido, y
no he visto justo desamparado,
ni su descendencia que
mendigue pan».

SALMO 37:25, RVR60

Junio

«Así que humíllense delante de Dios.
Resistan al diablo, y él huirá de ustedes».

SANTIAGO 4:7, NTV

Junio 2026

DOMINGO	LUNES	MARTES	MIÉRCOLES
	1	2	3
7	8	9	10
14	15	16	17
21	22	23	24
28	29	30	

notas

JUEVES	VIERNES	SÁBADO
4	**5**	**6**
11	**12**	**13**
18	**19**	**20**
25	**26**	**27**

MAYO 2026

D	L	M	M	J	V	S
					1	2
3	4	5	6	7	8	9
10	11	12	13	14	15	16
17	18	19	20	21	22	23
24	25	26	27	28	29	30
31						

JULIO 2026

D	L	M	M	J	V	S
			1	2	3	4
5	6	7	8	9	10	11
12	13	14	15	16	17	18
19	20	21	22	23	24	25
26	27	28	29	30	31	

Plan mensual

PRIORIDADES DEL MES

OBJETIVOS PERSONALES

OBJETIVOS GENERALES

Presupuesto mensual

CUENTAS	FECHA	CANTIDAD	PAGO	BALANCE

«No te afanes acumulando riquezas».
PROVERBIOS 23:4, NVI

TOTAL

01 *lunes*

PRIORIDADES

JUNIO 2026

D	L	M	M	J	V	S
	1	2	3	4	5	6
7	8	9	10	11	12	13
14	15	16	17	18	19	20
21	22	23	24	25	26	27
28	29	30				

7 am

8 am

9 am

10 am

11 am

12 am

1 pm

2 pm

3 pm

4 pm

5 pm

6 pm

7 pm

8 pm

9 pm

notas

«Él apaga la sed del sediento
y sacia con lo mejor al hambriento».

SALMO 107:9, NVI

martes

02

JUNIO 2026

D	L	M	M	J	V	S
	1	2	3	4	5	6
7	8	9	10	11	12	13
14	15	16	17	18	19	20
21	22	23	24	25	26	27
28	29	30				

PRIORIDADES

7 am

8 am

9 am

10 am

11 am

12 am

1 pm

2 pm

3 pm

4 pm

5 pm

6 pm

7 pm

8 pm

9 pm

notas

«Lo que es imposible para los hombres,
es posible para Dios».

LUCAS 18:27, RVR60

03 *miércoles*

PRIORIDADES

JUNIO 2026

D	L	M	M	J	V	S
	1	2	3	4	5	6
7	8	9	10	11	12	13
14	15	16	17	18	19	20
21	22	23	24	25	26	27
28	29	30				

7 am

8 am

9 am

10 am

11 am

12 am

1 pm

2 pm

3 pm

4 pm

5 pm

6 pm

7 pm

8 pm

9 pm

notas

«Entrégale tus cargas al Señor
y él cuidará de ti; no permitirá
que los justos tropiecen y caigan».

SALMO 55:22, NTV

jueves

04

JUNIO 2026

D	L	M	M	J	V	S
	1	2	3	4	5	6
7	8	9	10	11	12	13
14	15	16	17	18	19	20
21	22	23	24	25	26	27
28	29	30				

PRIORIDADES

7 am
8 am
9 am
10 am
11 am
12 am
1 pm
2 pm
3 pm
4 pm
5 pm
6 pm
7 pm
8 pm
9 pm

notas

«El ángel de Jehová acampa
alrededor de los que le temen,
y los defiende».

SALMO 34:7, RVR60

05 viernes

PRIORIDADES

JUNIO 2026

D	L	M	M	J	V	S
	1	2	3	4	5	6
7	8	9	10	11	12	13
14	15	16	17	18	19	20
21	22	23	24	25	26	27
28	29	30				

7 am

8 am

9 am

10 am

11 am

12 am

1 pm

2 pm

3 pm

4 pm

5 pm

6 pm

7 pm

8 pm

9 pm

notas

«¿Quiénes son los que temen al Señor?
Él les mostrará el sendero
que deben elegir».

SALMO 25:12, NTV

sábado
06

JUNIO 2026

D	L	M	M	J	V	S
	1	2	3	4	5	6
7	8	9	10	11	12	13
14	15	16	17	18	19	20
21	22	23	24	25	26	27
28	29	30				

PRIORIDADES

7 am
8 am
9 am
10 am
11 am
12 am
1 pm
2 pm
3 pm
4 pm
5 pm
6 pm
7 pm
8 pm
9 pm

notas

«No se preocupen por nada; en cambio, oren por todo. Díganle a Dios lo que necesitan y denle gracias por todo lo que él ha hecho».

FILIPENSES 4:6, NTV

07 *domingo*

PRIORIDADES

7 am

8 am

9 am

10 am

11 am

12 am

1 pm

2 pm

3 pm

4 pm

5 pm

6 pm

7 pm

8 pm

9 pm

notas

«Si me buscan de todo corazón,
podrán encontrarme».

JEREMÍAS 29:13, NTV

JUNIO 2026

D	L	M	M	J	V	S
	1	2	3	4	5	6
7	8	9	10	11	12	13
14	15	16	17	18	19	20
21	22	23	24	25	26	27
28	29	30				

lunes

08

PRIORIDADES

....

....

....

....

7 am

8 am

9 am

10 am

11 am

12 am

1 pm

2 pm

3 pm

4 pm

5 pm

6 pm

7 pm

8 pm

9 pm

notas

«No prevalecerá ninguna arma
que se forje contra ti; toda
lengua que te acuse tú la refutarás.
Esta es la herencia de los siervos
del Señor».

ISAÍAS 54:17, NVI

09

martes

PRIORIDADES

JUNIO 2026

D	L	M	M	J	V	S
	1	2	3	4	5	6
7	8	9	10	11	12	13
14	15	16	17	18	19	20
21	22	23	24	25	26	27
28	29	30				

7 am
8 am
9 am
10 am
11 am
12 am
1 pm
2 pm
3 pm
4 pm
5 pm
6 pm
7 pm
8 pm
9 pm

notas

«Me ha dicho: Bástate mi gracia; porque
mi poder se perfecciona en la debilidad.
Por tanto, de buena gana me gloriaré más
bien en mis debilidades, para que repose
sobre mí el poder de Cristo».

2 CORINTIOS 12:9, RVR60

miércoles
10

JUNIO 2026

D	L	M	M	J	V	S
	1	2	3	4	5	6
7	8	9	10	11	12	13
14	15	16	17	18	19	20
21	22	23	24	25	26	27
28	29	30				

PRIORIDADES

7 am

8 am

9 am

10 am

11 am

12 am

1 pm

2 pm

3 pm

4 pm

5 pm

6 pm

7 pm

8 pm

9 pm

notas

«Porque ciertamente hay fin,
y tu esperanza no será cortada».

PROVERBIOS 23:18, RVR60

11 — jueves

PRIORIDADES

7 am

8 am

9 am

10 am

11 am

12 am

1 pm

2 pm

3 pm

4 pm

5 pm

6 pm

7 pm

8 pm

9 pm

notas

«Por lo tanto, mis queridos hermanos, manténganse firmes e inconmovibles, progresando siempre en la obra del Señor, conscientes de que su trabajo en el Señor no es en vano».

1 CORINTIOS 15:58, NVI

viernes **12**

JUNIO 2026

D	L	M	M	J	V	S
	1	2	3	4	5	6
7	8	9	10	11	12	13
14	15	16	17	18	19	20
21	22	23	24	25	26	27
28	29	30				

PRIORIDADES

7 am
8 am
9 am
10 am
11 am
12 am
1 pm
2 pm
3 pm
4 pm
5 pm
6 pm
7 pm
8 pm
9 pm

notas

«Los que confían en Jehová son como
el monte de Sion, que no se mueve,
sino que permanece para siempre».

SALMO 125:1, RVR60

13

sábado

PRIORIDADES

JUNIO 2026

D	L	M	M	J	V	S
	1	2	3	4	5	6
7	8	9	10	11	12	13
14	15	16	17	18	19	20
21	22	23	24	25	26	27
28	29	30				

7 am

8 am

9 am

10 am

11 am

12 am

1 pm

2 pm

3 pm

4 pm

5 pm

6 pm

7 pm

8 pm

9 pm

notas

«Bendito sea el Dios y Padre de nuestro
Señor Jesucristo, Padre de misericordias
y Dios de toda consolación».

2 CORINTIOS 1:3, RVR60

domingo **14**

JUNIO 2026

D	L	M	M	J	V	S
	1	2	3	4	5	6
7	8	9	10	11	12	13
14	15	16	17	18	19	20
21	22	23	24	25	26	27
28	29	30				

PRIORIDADES

7 am
8 am
9 am
10 am
11 am
12 am
1 pm
2 pm
3 pm
4 pm
5 pm
6 pm
7 pm
8 pm
9 pm

notas

«Dios los salvó por su gracia cuando creyeron.
Ustedes no tienen ningún mérito en eso;
es un regalo de Dios».

EFESIOS 2:8, NTV

15 — lunes

PRIORIDADES

JUNIO 2026

D	L	M	M	J	V	S
	1	2	3	4	5	6
7	8	9	10	11	12	13
14	15	16	17	18	19	20
21	22	23	24	25	26	27
28	29	30				

7 am

8 am

9 am

10 am

11 am

12 am

1 pm

2 pm

3 pm

4 pm

5 pm

6 pm

7 pm

8 pm

9 pm

notas

«Temer a los hombres resulta una trampa, pero el que confía en el Señor sale bien librado».

PROVERBIOS 29:25, NVI

martes
16

JUNIO 2026

D	L	M	M	J	V	S
	1	2	3	4	5	6
7	8	9	10	11	12	13
14	15	16	17	18	19	20
21	22	23	24	25	26	27
28	29	30				

PRIORIDADES

7 am
8 am
9 am
10 am
11 am
12 am
1 pm
2 pm
3 pm
4 pm
5 pm
6 pm
7 pm
8 pm
9 pm

notas

«Les aseguro que si tienen fe y no dudan [..], no solo harán lo que he hecho con la higuera, sino que podrán decir a este monte: "Quítate de ahí y tírate al mar", y así se hará».

MATEO 21:21, NVI

17 — miércoles

PRIORIDADES

....

....

....

....

JUNIO 2026

D	L	M	M	J	V	S
	1	2	3	4	5	6
7	8	9	10	11	12	13
14	15	16	17	18	19	20
21	22	23	24	25	26	27
28	29	30				

7 am

8 am

9 am

10 am

11 am

12 am

1 pm

2 pm

3 pm

4 pm

5 pm

6 pm

7 pm

8 pm

9 pm

notas

«Sean compasivos,
así como su Padre
es compasivo».

LUCAS 6:36, NVI

jueves **18**

JUNIO 2026

D	L	M	M	J	V	S
	1	2	3	4	5	6
7	8	9	10	11	12	13
14	15	16	17	18	19	20
21	22	23	24	25	26	27
28	29	30				

PRIORIDADES

7 am

8 am

9 am

10 am

11 am

12 am

1 pm

2 pm

3 pm

4 pm

5 pm

6 pm

7 pm

8 pm

9 pm

notas

«Manténganse alerta;
permanezcan firmes en la fe;
sean valientes y fuertes».

1 CORINTIOS 16:13, NVI

19   *viernes*

PRIORIDADES

JUNIO 2026

D	L	M	M	J	V	S
	1	2	3	4	5	6
7	8	9	10	11	12	13
14	15	16	17	18	19	20
21	22	23	24	25	26	27
28	29	30				

7 am

8 am

9 am

10 am

11 am

12 am

1 pm

2 pm

3 pm

4 pm

5 pm

6 pm

7 pm

8 pm

9 pm

notas

«Alabad a Jehová, porque él
es bueno, porque para siempre
es su misericordia».

SALMO 136:1, RVR60

sábado
20

JUNIO 2026

D	L	M	M	J	V	S
	1	2	3	4	5	6
7	8	9	10	11	12	13
14	15	16	17	18	19	20
21	22	23	24	25	26	27
28	29	30				

PRIORIDADES

7 am

8 am

9 am

10 am

11 am

12 am

1 pm

2 pm

3 pm

4 pm

5 pm

6 pm

7 pm

8 pm

9 pm

notas

«Yo estoy contigo. Te protegeré
por dondequiera que vayas y te
traeré de vuelta a esta tierra. No
te abandonaré hasta cumplir
con todo lo que te he prometido».

GÉNESIS 28:15, NVI

21 domingo

PRIORIDADES

7 am

8 am

9 am

10 am

11 am

12 am

1 pm

2 pm

3 pm

4 pm

5 pm

6 pm

7 pm

8 pm

9 pm

notas

«El fruto del justo es árbol de vida;
y el que gana almas es sabio».

PROVERBIOS 11:30, RVR60

lunes
22

JUNIO 2026

D	L	M	M	J	V	S
	1	2	3	4	5	6
7	8	9	10	11	12	13
14	15	16	17	18	19	20
21	22	23	24	25	26	27
28	29	30				

PRIORIDADES

7 am

8 am

9 am

10 am

11 am

12 am

1 pm

2 pm

3 pm

4 pm

5 pm

6 pm

7 pm

8 pm

9 pm

notas

«¡Cuán preciosa, oh Dios, es tu misericordia! Por eso los hijos de los hombres se amparan bajo la sombra de tus alas».

SALMO 36:7, RVR60

23 martes

PRIORIDADES

7 am

8 am

9 am

10 am

11 am

12 am

1 pm

2 pm

3 pm

4 pm

5 pm

6 pm

7 pm

8 pm

9 pm

notas

«Guárdame, oh Dios,
porque en ti he confiado».

SALMO 16:1, RVR60

miércoles
24

JUNIO 2026

D	L	M	M	J	V	S
	1	2	3	4	5	6
7	8	9	10	11	12	13
14	15	16	17	18	19	20
21	22	23	24	25	26	27
28	29	30				

PRIORIDADES

7 am

8 am

9 am

10 am

11 am

12 am

1 pm

2 pm

3 pm

4 pm

5 pm

6 pm

7 pm

8 pm

9 pm

notas

«Mantengamos firme la
esperanza que profesamos,
porque fiel es el que hizo
la promesa».

HEBREOS 10:23, NVI

25 *jueves*

PRIORIDADES

7 am

8 am

9 am

10 am

11 am

12 am

1 pm

2 pm

3 pm

4 pm

5 pm

6 pm

7 pm

8 pm

9 pm

notas

«En esto conocemos lo que es el amor: en que Jesucristo entregó su vida por nosotros».

1 JUAN 3:16, NVI

viernes
26

JUNIO 2026

D	L	M	M	J	V	S
	1	2	3	4	5	6
7	8	9	10	11	12	13
14	15	16	17	18	19	20
21	22	23	24	25	26	27
28	29	30				

PRIORIDADES

7 am
8 am
9 am
10 am
11 am
12 am
1 pm
2 pm
3 pm
4 pm
5 pm
6 pm
7 pm
8 pm
9 pm

notas

«Manténganse libres del amor
al dinero y conténtense con
lo que tienen, porque Dios ha
dicho: "Nunca los dejaré;
jamás los abandonaré"».

HEBREOS 13:5, NVI

27
sábado

PRIORIDADES

7 am

8 am

9 am

10 am

11 am

12 am

1 pm

2 pm

3 pm

4 pm

5 pm

6 pm

7 pm

8 pm

9 pm

notas

«Jesús le dijo: Si puedes creer,
al que cree todo le es posible».

MARCOS 9:23, RVR60

domingo **28**

JUNIO 2026

D	L	M	M	J	V	S
		1	2	3	4	5	6
7	8	9	10	11	12	13
14	15	16	17	18	19	20
21	22	23	24	25	26	27
28	29	30				

PRIORIDADES

7 am

8 am

9 am

10 am

11 am

12 am

1 pm

2 pm

3 pm

4 pm

5 pm

6 pm

7 pm

8 pm

9 pm

notas

«Por eso me regocijo en debilidades, insultos, privaciones, persecuciones y dificultades que sufro por Cristo; porque, cuando soy débil, entonces soy fuerte».

2 CORINTIOS 12:10, NVI

29   *lunes*

PRIORIDADES

JUNIO 2026

D	L	M	M	J	V	S
	1	2	3	4	5	6
7	8	9	10	11	12	13
14	15	16	17	18	19	20
21	22	23	24	25	26	27
28	29	30				

7 am

8 am

9 am

10 am

11 am

12 am

1 pm

2 pm

3 pm

4 pm

5 pm

6 pm

7 pm

8 pm

9 pm

notas

«Pero que pida con fe, sin dudar, porque quien duda es como las olas del mar, agitadas y llevadas de un lado a otro por el viento».

SANTIAGO 1:6, NVI

martes
30

JUNIO 2026

D	L	M	M	J	V	S
	1	2	3	4	5	6
7	8	9	10	11	12	13
14	15	16	17	18	19	20
21	22	23	24	25	26	27
28	29	30				

PRIORIDADES

7 am

8 am

9 am

10 am

11 am

12 am

1 pm

2 pm

3 pm

4 pm

5 pm

6 pm

7 pm

8 pm

9 pm

notas

«La paz les dejo; mi paz les doy.
Yo no se la doy a ustedes como
la da el mundo. No se angustien
ni se acobarden».

JUAN 14:27, NVI

notas

Julio

«Jehová es mi pastor; nada me faltará».

SALMO 23:1, RVR60

Julio 2026

DOMINGO	LUNES	MARTES	MIÉRCOLES
			1
5	6	7	8
12	13	14	15
19	20	21	22
26	27	28	29

notas

JUEVES	VIERNES	SÁBADO
2	3	4
9	10	11
16	17	18
23	24	25
30	31	

JUNIO 2026

D	L	M	M	J	V	S
	1	2	3	4	5	6
7	8	9	10	11	12	13
14	15	16	17	18	19	20
21	22	23	24	25	26	27
28	29	30				

AGOSTO 2026

D	L	M	M	J	V	S
						1
2	3	4	5	6	7	8
9	10	11	12	13	14	15
16	17	18	19	20	21	22
23	24	25	26	27	28	29
30	31					

Plan mensual

PRIORIDADES DEL MES

OBJETIVOS PERSONALES

OBJETIVOS GENERALES

Presupuesto mensual

CUENTAS	FECHA	CANTIDAD	PAGO	BALANCE

TOTAL

01 *miércoles*

PRIORIDADES

JULIO 2026

D	L	M	M	J	V	S
			1	2	3	4
5	6	7	8	9	10	11
12	13	14	15	16	17	18
19	20	21	22	23	24	25
26	27	28	29	30	31	

7 am

8 am

9 am

10 am

11 am

12 am

1 pm

2 pm

3 pm

4 pm

5 pm

6 pm

7 pm

8 pm

9 pm

notas

«Dios no es un hombre; por lo tanto, no miente. Él no es humano; por lo tanto, no cambia de parecer. ¿Acaso alguna vez habló sin actuar? ¿Alguna vez prometió sin cumplir?».

NÚMEROS 23:19, NTV

jueves

02

JULIO 2026

D	L	M	M	J	V	S
			1	2	3	4
5	6	7	8	9	10	11
12	13	14	15	16	17	18
19	20	21	22	23	24	25
26	27	28	29	30	31	

PRIORIDADES

7 am

8 am

9 am

10 am

11 am

12 am

1 pm

2 pm

3 pm

4 pm

5 pm

6 pm

7 pm

8 pm

9 pm

notas

«Les hablo así, hermanos, porque ustedes han sido llamados a ser libres; pero no se valgan de esa libertad para dar rienda suelta a sus pasiones. Más bien sírvanse unos a otros con amor».

GÁLATAS 5:13, NVI

03 — viernes

PRIORIDADES

JULIO 2026

D	L	M	M	J	V	S
			1	2	3	4
5	6	7	8	9	10	11
12	13	14	15	16	17	18
19	20	21	22	23	24	25
26	27	28	29	30	31	

7 am

8 am

9 am

10 am

11 am

12 am

1 pm

2 pm

3 pm

4 pm

5 pm

6 pm

7 pm

8 pm

9 pm

notas

«Tú eres mi refugio; tú me protegerás del peligro
y me rodearás con cánticos de liberación».

SALMO 32:7, NVI

sábado
04

JULIO 2026

D	L	M	M	J	V	S
			1	2	3	4
5	6	7	8	9	10	11
12	13	14	15	16	17	18
19	20	21	22	23	24	25
26	27	28	29	30	31	

PRIORIDADES

7 am

8 am

9 am

10 am

11 am

12 am

1 pm

2 pm

3 pm

4 pm

5 pm

6 pm

7 pm

8 pm

9 pm

notas

«Ninguna condenación hay para los que están en Cristo Jesús, los que no andan conforme a la carne, sino conforme al Espíritu».

ROMANOS 8:1, RVR60

05 — domingo

PRIORIDADES

7 am

8 am

9 am

10 am

11 am

12 am

1 pm

2 pm

3 pm

4 pm

5 pm

6 pm

7 pm

8 pm

9 pm

notas

«El Señor afirma los pasos
del hombre cuando le
agrada su modo de vivir».

SALMO 37:23, NVI

lunes
06

JULIO 2026

D	L	M	M	J	V	S
			1	2	3	4
5	6	7	8	9	10	11
12	13	14	15	16	17	18
19	20	21	22	23	24	25
26	27	28	29	30	31	

PRIORIDADES

7 am

8 am

9 am

10 am

11 am

12 am

1 pm

2 pm

3 pm

4 pm

5 pm

6 pm

7 pm

8 pm

9 pm

notas

«¡Cuán grande es tu bondad!
La reservas para los que te temen,
y a la vista de la gente la derramas
sobre los que en ti se refugian».

SALMO 31:19, NVI

07 martes

PRIORIDADES

JULIO 2026

D	L	M	M	J	V	S
			1	2	3	4
5	6	7	8	9	10	11
12	13	14	15	16	17	18
19	20	21	22	23	24	25
26	27	28	29	30	31	

7 am

8 am

9 am

10 am

11 am

12 am

1 pm

2 pm

3 pm

4 pm

5 pm

6 pm

7 pm

8 pm

9 pm

notas

«Practicar la justicia y el derecho
lo prefiere el Señor a los sacrificios».

PROVERBIOS 21:3, NVI

miércoles **08**

JULIO 2026

D	L	M	M	J	V	S
			1	2	3	4
5	6	7	8	9	10	11
12	13	14	15	16	17	18
19	20	21	22	23	24	25
26	27	28	29	30	31	

PRIORIDADES

7 am

8 am

9 am

10 am

11 am

12 am

1 pm

2 pm

3 pm

4 pm

5 pm

6 pm

7 pm

8 pm

9 pm

notas

«Esta es la confianza que delante de Dios tenemos por medio de Cristo. No es que nos consideremos competentes en nosotros mismos. Nuestra capacidad viene de Dios».

2 CORINTIOS 3:4-5, NVI

09

jueves

PRIORIDADES

7 am

8 am

9 am

10 am

11 am

12 am

1 pm

2 pm

3 pm

4 pm

5 pm

6 pm

7 pm

8 pm

9 pm

notas

«Que abandone el malvado su camino
y el perverso sus pensamientos.
Que se vuelva al Señor, a nuestro
Dios, que es generoso para perdonar
y de él recibirá compasión».

ISAÍAS 55:7, NVI

viernes **10**

JULIO 2026

D	L	M	M	J	V	S
			1	2	3	4
5	6	7	8	9	10	11
12	13	14	15	16	17	18
19	20	21	22	23	24	25
26	27	28	29	30	31	

PRIORIDADES

7 am
8 am
9 am
10 am
11 am
12 am
1 pm
2 pm
3 pm
4 pm
5 pm
6 pm
7 pm
8 pm
9 pm

notas

«Antes de formarte en el vientre, ya te había elegido; antes de que nacieras, ya te había apartado; te había nombrado profeta para las naciones».

JEREMÍAS 1:5, NVI

11 · sábado

PRIORIDADES

JULIO 2026

D	L	M	M	J	V	S
			1	2	3	4
5	6	7	8	9	10	11
12	13	14	15	16	17	18
19	20	21	22	23	24	25
26	27	28	29	30	31	

7 am

8 am

9 am

10 am

11 am

12 am

1 pm

2 pm

3 pm

4 pm

5 pm

6 pm

7 pm

8 pm

9 pm

notas

«Porque en el evangelio la justicia
de Dios se revela por fe y
para fe, como está escrito:
Mas el justo por la fe vivirá».

ROMANOS 1:17, RVR60

domingo **12**

JULIO 2026

D	L	M	M	J	V	S
			1	2	3	4
5	6	7	8	9	10	11
12	13	14	15	16	17	18
19	20	21	22	23	24	25
26	27	28	29	30	31	

PRIORIDADES

7 am
8 am
9 am
10 am
11 am
12 am
1 pm
2 pm
3 pm
4 pm
5 pm
6 pm
7 pm
8 pm
9 pm

notas

«Hermanos míos, que vuestra fe
en nuestro glorioso Señor Jesucristo
sea sin acepción de personas».

SANTIAGO 2:1, RVR60

13 *lunes*

PRIORIDADES

JULIO 2026

D	L	M	M	J	V	S
			1	2	3	4
5	6	7	8	9	10	11
12	13	14	15	16	17	18
19	20	21	22	23	24	25
26	27	28	29	30	31	

7 am

8 am

9 am

10 am

11 am

12 am

1 pm

2 pm

3 pm

4 pm

5 pm

6 pm

7 pm

8 pm

9 pm

notas

«Mas vosotros sois linaje escogido, real
sacerdocio, nación santa, pueblo adquirido
por Dios, para que anunciéis las virtudes
de aquel que os llamó de las tinieblas
a su luz admirable».

1 PEDRO 2:9, RVR60

martes

14

JULIO 2026

D	L	M	M	J	V	S
			1	2	3	4
5	6	7	8	9	10	11
12	13	14	15	16	17	18
19	20	21	22	23	24	25
26	27	28	29	30	31	

PRIORIDADES

7 am

8 am

9 am

10 am

11 am

12 am

1 pm

2 pm

3 pm

4 pm

5 pm

6 pm

7 pm

8 pm

9 pm

notas

«El Señor y Dios es mi fuerza; da a mis pies la ligereza de una gacela y me hace caminar por las alturas».

HABACUC 3:19, NVI

15   *miércoles*

PRIORIDADES

7 am

8 am

9 am

10 am

11 am

12 am

1 pm

2 pm

3 pm

4 pm

5 pm

6 pm

7 pm

8 pm

9 pm

notas

«Porque yo conozco los planes que tengo
para ustedes —afirma el Señor—, planes
de bienestar y no de calamidad, a fin
de darles un futuro y una esperanza».

JEREMÍAS 29:11, NVI

jueves **16**

JULIO 2026

D	L	M	M	J	V	S
			1	2	3	4
5	6	7	8	9	10	11
12	13	14	15	16	17	18
19	20	21	22	23	24	25
26	27	28	29	30	31	

PRIORIDADES

7 am

8 am

9 am

10 am

11 am

12 am

1 pm

2 pm

3 pm

4 pm

5 pm

6 pm

7 pm

8 pm

9 pm

notas

«Velen y oren para que no cedan ante la tentación, porque el espíritu está dispuesto, pero el cuerpo es débil».

MATEO 26:41, NTV

17 viernes

PRIORIDADES

JULIO 2026

D	L	M	M	J	V	S
			1	2	3	4
5	6	7	8	9	10	11
12	13	14	15	16	17	18
19	20	21	22	23	24	25
26	27	28	29	30	31	

7 am
8 am
9 am
10 am
11 am
12 am
1 pm
2 pm
3 pm
4 pm
5 pm
6 pm
7 pm
8 pm
9 pm

notas

«Pues si ustedes, aun siendo malos, saben dar cosas buenas a sus hijos, ¡cuánto más su Padre que está en los cielos dará cosas buenas a los que le pidan».

MATEO 7:11, NVI

sábado **18**

JULIO 2026

D	L	M	M	J	V	S
			1	2	3	4
5	6	7	8	9	10	11
12	13	14	15	16	17	18
19	20	21	22	23	24	25
26	27	28	29	30	31	

PRIORIDADES

7 am

8 am

9 am

10 am

11 am

12 am

1 pm

2 pm

3 pm

4 pm

5 pm

6 pm

7 pm

8 pm

9 pm

notas

«Tan grande es su amor por los
que le temen como alto es el cielo
sobre la tierra».

SALMO 103:11, NVI

19 domingo

PRIORIDADES

JULIO 2026

D	L	M	M	J	V	S
			1	2	3	4
5	6	7	8	9	10	11
12	13	14	15	16	17	18
19	20	21	22	23	24	25
26	27	28	29	30	31	

7 am
8 am
9 am
10 am
11 am
12 am
1 pm
2 pm
3 pm
4 pm
5 pm
6 pm
7 pm
8 pm
9 pm

notas

«Fíjense en las aves del cielo: no siembran ni cosechan, ni almacenan en graneros; sin embargo, el Padre celestial las alimenta. ¿No valen ustedes mucho más que ellas?».

MATEO 6:26, NVI

lunes
20

JULIO 2026

D	L	M	M	J	V	S
			1	2	3	4
5	6	7	8	9	10	11
12	13	14	15	16	17	18
19	20	21	22	23	24	25
26	27	28	29	30	31	

PRIORIDADES

7 am

8 am

9 am

10 am

11 am

12 am

1 pm

2 pm

3 pm

4 pm

5 pm

6 pm

7 pm

8 pm

9 pm

notas

«Mi Dios, pues, suplirá todo lo que os falta conforme a sus riquezas en gloria en Cristo Jesús».

FILIPENSES 4:19, RVR60

21 · *martes*

PRIORIDADES

7 am

8 am

9 am

10 am

11 am

12 am

1 pm

2 pm

3 pm

4 pm

5 pm

6 pm

7 pm

8 pm

9 pm

notas

«Y todo lo que hagáis, hacedlo de corazón, como para el Señor y no para los hombres; sabiendo que del Señor recibiréis la recompensa de la herencia, porque a Cristo el Señor servís».

COLOSENSES 3:23-24, RVR60

miércoles

22

JULIO 2026

D	L	M	M	J	V	S
			1	2	3	4
5	6	7	8	9	10	11
12	13	14	15	16	17	18
19	20	21	22	23	24	25
26	27	28	29	30	31	

PRIORIDADES

7 am

8 am

9 am

10 am

11 am

12 am

1 pm

2 pm

3 pm

4 pm

5 pm

6 pm

7 pm

8 pm

9 pm

notas

«Él nos rescató del reino de la oscuridad
y nos trasladó al reino de su Hijo amado,
quien compró nuestra libertad y perdonó
nuestros pecados».

COLOSENSES 1:13-14, NTV

23 jueves

PRIORIDADES

7 am

8 am

9 am

10 am

11 am

12 am

1 pm

2 pm

3 pm

4 pm

5 pm

6 pm

7 pm

8 pm

9 pm

notas

«Luego de que ustedes hayan sufrido un poco de tiempo, Dios mismo, el Dios de toda gracia que los llamó a su gloria eterna en Cristo, los restaurará y los hará fuertes, firmes y estables».

1 PEDRO 5:10, NVI

viernes
24

JULIO 2026

D	L	M	M	J	V	S
			1	2	3	4
5	6	7	8	9	10	11
12	13	14	15	16	17	18
19	20	21	22	23	24	25
26	27	28	29	30	31	

PRIORIDADES

7 am

8 am

9 am

10 am

11 am

12 am

1 pm

2 pm

3 pm

4 pm

5 pm

6 pm

7 pm

8 pm

9 pm

notas

«Porque con alegría saldréis, y con paz seréis vueltos; los montes y los collados levantarán canción delante de vosotros, y todos los árboles del campo darán palmadas de aplauso».

ISAÍAS 55:12, RVR60

25 — sábado

PRIORIDADES

JULIO 2026

D	L	M	M	J	V	S
			1	2	3	4
5	6	7	8	9	10	11
12	13	14	15	16	17	18
19	20	21	22	23	24	25
26	27	28	29	30	31	

7 am
8 am
9 am
10 am
11 am
12 am
1 pm
2 pm
3 pm
4 pm
5 pm
6 pm
7 pm
8 pm
9 pm

notas

«Porque los montes se moverán, y los collados temblarán, pero no se apartará de ti mi misericordia, ni el pacto de mi paz se quebrantará, dijo Jehová, el que tiene misericordia de ti».

ISAÍAS 54:10, RVR60

JULIO 2026

D	L	M	M	J	V	S
			1	2	3	4
5	6	7	8	9	10	11
12	13	14	15	16	17	18
19	20	21	22	23	24	25
26	27	28	29	30	31	

domingo **26**

PRIORIDADES

7 am

8 am

9 am

10 am

11 am

12 am

1 pm

2 pm

3 pm

4 pm

5 pm

6 pm

7 pm

8 pm

9 pm

notas

«¡Den gracias al Señor, porque él es bueno!
Su fiel amor perdura para siempre».

SALMO 107:1, NTV

27 lunes

PRIORIDADES

7 am

8 am

9 am

10 am

11 am

12 am

1 pm

2 pm

3 pm

4 pm

5 pm

6 pm

7 pm

8 pm

9 pm

notas

«Si me aman, obedezcan
mis mandamientos».

JUAN 14:15, NTV

martes

28

JULIO 2026

D	L	M	M	J	V	S
			1	2	3	4
5	6	7	8	9	10	11
12	13	14	15	16	17	18
19	20	21	22	23	24	25
26	27	28	29	30	31	

PRIORIDADES

7 am

8 am

9 am

10 am

11 am

12 am

1 pm

2 pm

3 pm

4 pm

5 pm

6 pm

7 pm

8 pm

9 pm

notas

«Los leoncillos se debilitan y tienen hambre,
pero a los que buscan al Señor nada les falta».

SALMO 34:10, NVI

29 — *miércoles*

PRIORIDADES

JULIO 2026

D	L	M	M	J	V	S
			1	2	3	4
5	6	7	8	9	10	11
12	13	14	15	16	17	18
19	20	21	22	23	24	25
26	27	28	29	30	31	

7 am

8 am

9 am

10 am

11 am

12 am

1 pm

2 pm

3 pm

4 pm

5 pm

6 pm

7 pm

8 pm

9 pm

notas

«Este día ha sido consagrado a nuestro Señor.
No estén tristes, pues el gozo del Señor
es su fortaleza».

NEHEMÍAS 8:10, NVI

jueves **30**

JULIO 2026

D	L	M	M	J	V	S
			1	2	3	4
5	6	7	8	9	10	11
12	13	14	15	16	17	18
19	20	21	22	23	24	25
26	27	28	29	30	31	

PRIORIDADES

7 am

8 am

9 am

10 am

11 am

12 am

1 pm

2 pm

3 pm

4 pm

5 pm

6 pm

7 pm

8 pm

9 pm

notas

«Porque de tal manera amó Dios al mundo, que ha dado a su Hijo unigénito, para que todo aquel que en él cree, no se pierda, mas tenga vida eterna».

JUAN 3:16, RVR60

31
viernes

PRIORIDADES

JULIO 2026

D	L	M	M	J	V	S
			1	2	3	4
5	6	7	8	9	10	11
12	13	14	15	16	17	18
19	20	21	22	23	24	25
26	27	28	29	30	31	

7 am

8 am

9 am

10 am

11 am

12 am

1 pm

2 pm

3 pm

4 pm

5 pm

6 pm

7 pm

8 pm

9 pm

notas

«¡El fiel amor del Señor nunca
se acaba! Sus misericordias jamás
terminan. Grande es su fidelidad;
sus misericordias son nuevas
cada mañana».

LAMENTACIONES 3:22-23, NTV

Agosto

«El principio de la sabiduría es el temor de Jehová;
los insensatos desprecian la sabiduría y la enseñanza».

PROVERBIOS 1:7, RVR60

Agosto 2026

DOMINGO	LUNES	MARTES	MIÉRCOLES
2	3	4	5
9	10	11	12
16	17	18	19
23	24	25	26
30	31		

JUEVES	VIERNES	SÁBADO
		1
6	**7**	**8**
13	**14**	**15**
20	**21**	**22**
27	**28**	**29**

notas

JULIO 2026

D	L	M	M	J	V	S
			1	2	3	4
5	6	7	8	9	10	11
12	13	14	15	16	17	18
19	20	21	22	23	24	25
26	27	28	29	30	31	

SEPTIEMBRE 2026

D	L	M	M	J	V	S
		1	2	3	4	5
6	7	8	9	10	11	12
13	14	15	16	17	18	19
20	21	22	23	24	25	26
27	28	29	30			

Plan mensual

PRIORIDADES DEL MES

OBJETIVOS PERSONALES

OBJETIVOS GENERALES

Presupuesto mensual

CUENTAS	FECHA	CANTIDAD	PAGO	BALANCE

«Paguen a cada uno lo que corresponda».
ROMANOS 13:7, NVI

TOTAL

01 — *sábado*

PRIORIDADES

....

....

....

....

AGOSTO 2026

D	L	M	M	J	V	S
						1
2	3	4	5	6	7	8
9	10	11	12	13	14	15
16	17	18	19	20	21	22
23	24	25	26	27	28	29
30	31					

7 am

8 am

9 am

10 am

11 am

12 am

1 pm

2 pm

3 pm

4 pm

5 pm

6 pm

7 pm

8 pm

9 pm

notas

«Yo te he amado, pueblo mío, con un amor eterno. Con amor inagotable te acerqué a mí».

JEREMÍAS 31:3, NTV

domingo
02

AGOSTO 2026

D	L	M	M	J	V	S
						1
2	3	4	5	6	7	8
9	10	11	12	13	14	15
16	17	18	19	20	21	22
23	24	25	26	27	28	29
30	31					

PRIORIDADES

7 am

8 am

9 am

10 am

11 am

12 am

1 pm

2 pm

3 pm

4 pm

5 pm

6 pm

7 pm

8 pm

9 pm

notas

«El Señor fortalece a su pueblo;
el Señor bendice a su pueblo
con la paz».

SALMO 29:11, NVI

03 *lunes*

PRIORIDADES

AGOSTO 2026

D	L	M	M	J	V	S
						1
2	3	4	5	6	7	8
9	10	11	12	13	14	15
16	17	18	19	20	21	22
23	24	25	26	27	28	29
30	31					

7 am

8 am

9 am

10 am

11 am

12 am

1 pm

2 pm

3 pm

4 pm

5 pm

6 pm

7 pm

8 pm

9 pm

notas

«Diré yo a Jehová: Esperanza
mía, y castillo mío; mi Dios,
en quien confiaré».

SALMO 91:2, RVR60

martes
04

AGOSTO 2026

D	L	M	M	J	V	S
						1
2	3	4	5	6	7	8
9	10	11	12	13	14	15
16	17	18	19	20	21	22
23	24	25	26	27	28	29
30	31					

PRIORIDADES

7 am

8 am

9 am

10 am

11 am

12 am

1 pm

2 pm

3 pm

4 pm

5 pm

6 pm

7 pm

8 pm

9 pm

notas

«El que tarda en airarse es grande de entendimiento; más el que es impaciente de espíritu enaltece la necedad».

PROVERBIOS 14:29, RVR60

05 *miércoles*

PRIORIDADES

AGOSTO 2026

D	L	M	M	J	V	S
						1
2	3	4	5	6	7	8
9	10	11	12	13	14	15
16	17	18	19	20	21	22
23	24	25	26	27	28	29
30	31					

7 am

8 am

9 am

10 am

11 am

12 am

1 pm

2 pm

3 pm

4 pm

5 pm

6 pm

7 pm

8 pm

9 pm

notas

«Así como la tierra hace que broten los retoños y el huerto hace que germinen las semillas, así el Señor y Dios hará que broten la justicia y la alabanza ante todas las naciones».

ISAÍAS 61:11, NVI

jueves **06**

AGOSTO 2026

D	L	M	M	J	V	S
						1
2	3	4	5	6	7	8
9	10	11	12	13	14	15
16	17	18	19	20	21	22
23	24	25	26	27	28	29
30	31					

PRIORIDADES

7 am

8 am

9 am

10 am

11 am

12 am

1 pm

2 pm

3 pm

4 pm

5 pm

6 pm

7 pm

8 pm

9 pm

notas

«¿Qué Dios hay como tú, que perdone
la maldad y pase por alto el delito del
remanente de su heredad? No estarás
airado para siempre, porque tu mayor
placer es amar».

MIQUEAS 7:18, NVI

07 — viernes

PRIORIDADES

AGOSTO 2026

D	L	M	M	J	V	S
						1
2	3	4	5	6	7	8
9	10	11	12	13	14	15
16	17	18	19	20	21	22
23	24	25	26	27	28	29
30	31					

7 am

8 am

9 am

10 am

11 am

12 am

1 pm

2 pm

3 pm

4 pm

5 pm

6 pm

7 pm

8 pm

9 pm

notas

«Dios es quien produce en ustedes tanto el querer como el hacer para que se cumpla su buena voluntad».

FILIPENSES 2:13, NVI

sábado
08

AGOSTO 2026

D	L	M	M	J	V	S
						1
2	3	4	5	6	7	8
9	10	11	12	13	14	15
16	17	18	19	20	21	22
23	24	25	26	27	28	29
30	31					

PRIORIDADES

7 am

8 am

9 am

10 am

11 am

12 am

1 pm

2 pm

3 pm

4 pm

5 pm

6 pm

7 pm

8 pm

9 pm

notas

«Al sentir que se me iba la vida, me acordé del Señor, y mi oración legó hasta ti, hasta tu santo Templo».

JONÁS 2:7, NVI

09 · *domingo*

PRIORIDADES

AGOSTO 2026

D	L	M	M	J	V	S
						1
2	3	4	5	6	7	8
9	10	11	12	13	14	15
16	17	18	19	20	21	22
23	24	25	26	27	28	29
30	31					

7 am

8 am

9 am

10 am

11 am

12 am

1 pm

2 pm

3 pm

4 pm

5 pm

6 pm

7 pm

8 pm

9 pm

notas

«Todas las promesas que ha hecho Dios son "sí" en Cristo. Así que por medio de Cristo respondemos "amén" para la gloria de Dios».

2 CORINTIOS 1:20, NVI

lunes

10

AGOSTO 2026

D	L	M	M	J	V	S
						1
2	3	4	5	6	7	8
9	10	11	12	13	14	15
16	17	18	19	20	21	22
23	24	25	26	27	28	29
30	31					

PRIORIDADES

7 am

8 am

9 am

10 am

11 am

12 am

1 pm

2 pm

3 pm

4 pm

5 pm

6 pm

7 pm

8 pm

9 pm

notas

«Porque todo lo que Dios ha creado es bueno y nada es despreciable si se recibe con acción de gracias».

1 TIMOTEO 4:4, NVI

11 *martes*

PRIORIDADES

....

....

....

....

AGOSTO 2026

D	L	M	M	J	V	S
						1
2	3	4	5	6	7	8
9	10	11	12	13	14	15
16	17	18	19	20	21	22
23	24	25	26	27	28	29
30	31					

7 am

8 am

9 am

10 am

11 am

12 am

1 pm

2 pm

3 pm

4 pm

5 pm

6 pm

7 pm

8 pm

9 pm

notas

«No corregir al hijo es no quererlo;
amarlo es disciplinarlo a tiempo».

PROVERBIOS 13:24, NVI

miércoles
12

AGOSTO 2026

D	L	M	M	J	V	S
						1
2	3	4	5	6	7	8
9	10	11	12	13	14	15
16	17	18	19	20	21	22
23	24	25	26	27	28	29
30	31					

PRIORIDADES

7 am
8 am
9 am
10 am
11 am
12 am
1 pm
2 pm
3 pm
4 pm
5 pm
6 pm
7 pm
8 pm
9 pm

notas

«Estas cosas os he hablado, para
que mi gozo esté en vosotros, y
vuestro gozo sea cumplido».

JUAN 15:11, RVR60

13 jueves

PRIORIDADES

AGOSTO 2026

D	L	M	M	J	V	S
						1
2	3	4	5	6	7	8
9	10	11	12	13	14	15
16	17	18	19	20	21	22
23	24	25	26	27	28	29
30	31					

7 am

8 am

9 am

10 am

11 am

12 am

1 pm

2 pm

3 pm

4 pm

5 pm

6 pm

7 pm

8 pm

9 pm

notas

«Él les tiene contados aun los cabellos de la cabeza. Así que no tengan miedo, ustedes valen más que muchos gorriones».

MATEO 10:30-31, NVI

AGOSTO 2026

D	L	M	M	J	V	S
						1
2	3	4	5	6	7	8
9	10	11	12	13	14	15
16	17	18	19	20	21	22
23	24	25	26	27	28	29
30	31					

viernes **14**

PRIORIDADES

7 am

8 am

9 am

10 am

11 am

12 am

1 pm

2 pm

3 pm

4 pm

5 pm

6 pm

7 pm

8 pm

9 pm

notas

«Lo secreto pertenece al Señor nuestro Dios, pero lo revelado nos pertenece a nosotros y a nuestros hijos para siempre, para que obedezcamos todas las palabras de esta ley».

DEUTERONOMIO 29:29, NVI

15 *sábado*

PRIORIDADES

AGOSTO 2026

D	L	M	M	J	V	S
						1
2	3	4	5	6	7	8
9	10	11	12	13	14	15
16	17	18	19	20	21	22
23	24	25	26	27	28	29
30	31					

7 am

8 am

9 am

10 am

11 am

12 am

1 pm

2 pm

3 pm

4 pm

5 pm

6 pm

7 pm

8 pm

9 pm

notas

«Confía en el Señor y haz el bien;
entonces vivirás seguro en la tierra
y prosperarás».

SALMO 37:3, NTV

domingo **16**

AGOSTO 2026

D	L	M	M	J	V	S
						1
2	3	4	5	6	7	8
9	10	11	12	13	14	15
16	17	18	19	20	21	22
23	24	25	26	27	28	29
30	31					

PRIORIDADES

7 am

8 am

9 am

10 am

11 am

12 am

1 pm

2 pm

3 pm

4 pm

5 pm

6 pm

7 pm

8 pm

9 pm

notas

«El Señor no retarda su promesa, según algunos la tienen por tardanza, sino que es paciente para con nosotros, no queriendo que ninguno perezca, sino que todos procedan al arrepentimiento».

2 PEDRO 3:9, RVR60

17 lunes

PRIORIDADES

AGOSTO 2026

D	L	M	M	J	V	S
						1
2	3	4	5	6	7	8
9	10	11	12	13	14	15
16	17	18	19	20	21	22
23	24	25	26	27	28	29
30	31					

7 am

8 am

9 am

10 am

11 am

12 am

1 pm

2 pm

3 pm

4 pm

5 pm

6 pm

7 pm

8 pm

9 pm

notas

«Porque el Hijo del Hombre no vino
para ser servido, sino para servir, y para
dar su vida en rescate por muchos».

MARCOS 10:45, RVR60

martes

18

AGOSTO 2026

D	L	M	M	J	V	S
						1
2	3	4	5	6	7	8
9	10	11	12	13	14	15
16	17	18	19	20	21	22
23	24	25	26	27	28	29
30	31					

PRIORIDADES

7 am

8 am

9 am

10 am

11 am

12 am

1 pm

2 pm

3 pm

4 pm

5 pm

6 pm

7 pm

8 pm

9 pm

notas

«Los malvados no comprenden la justicia,
pero los que siguen al Señor la entienden
a la perfección».

PROVERBIOS 28:5, NTV

19 miércoles

PRIORIDADES

AGOSTO 2026

D	L	M	M	J	V	S
						1
2	3	4	5	6	7	8
9	10	11	12	13	14	15
16	17	18	19	20	21	22
23	24	25	26	27	28	29
30	31					

7 am

8 am

9 am

10 am

11 am

12 am

1 pm

2 pm

3 pm

4 pm

5 pm

6 pm

7 pm

8 pm

9 pm

notas

«El Señor llevará a cabo los planes que tiene
para mi vida, pues tu fiel amor, oh Señor,
permanece para siempre. No me abandones,
porque tú me creaste».

SALMO 138:8, NTV

jueves

20

AGOSTO 2026

D	L	M	M	J	V	S
						1
2	3	4	5	6	7	8
9	10	11	12	13	14	15
16	17	18	19	20	21	22
23	24	25	26	27	28	29
30	31					

PRIORIDADES

7 am

8 am

9 am

10 am

11 am

12 am

1 pm

2 pm

3 pm

4 pm

5 pm

6 pm

7 pm

8 pm

9 pm

notas

«Por lo tanto, como pueblo escogido de Dios, santo y amado, revístanse de afecto entrañable y de bondad, humildad, amabilidad y paciencia».

COLOSENSES 3:12, NVI

21

viernes

PRIORIDADES

7 am

8 am

9 am

10 am

11 am

12 am

1 pm

2 pm

3 pm

4 pm

5 pm

6 pm

7 pm

8 pm

9 pm

notas

«Porque recta es la palabra de Jehová,
y toda su obra es hecha con fidelidad».

SALMO 33:4, RVR60

sábado
22

AGOSTO 2026

D	L	M	M	J	V	S
						1
2	3	4	5	6	7	8
9	10	11	12	13	14	15
16	17	18	19	20	21	22
23	24	25	26	27	28	29
30	31					

PRIORIDADES

7 am
8 am
9 am
10 am
11 am
12 am
1 pm
2 pm
3 pm
4 pm
5 pm
6 pm
7 pm
8 pm
9 pm

notas

«Porque yo soy el Señor tu Dios,
que sostiene tu mano derecha;
yo soy quien te dice: "No temas,
yo te ayudaré"».

ISAÍAS 41:13, NVI

23 · domingo

PRIORIDADES

AGOSTO 2026

D	L	M	M	J	V	S
						1
2	3	4	5	6	7	8
9	10	11	12	13	14	15
16	17	18	19	20	21	22
23	24	25	26	27	28	29
30	31					

7 am

8 am

9 am

10 am

11 am

12 am

1 pm

2 pm

3 pm

4 pm

5 pm

6 pm

7 pm

8 pm

9 pm

notas

«No sean nunca perezosos,
más bien trabajen con esmero
y sirvan al Señor con entusiasmo».

ROMANOS 12:11, NTV

lunes

24

AGOSTO 2026

D	L	M	M	J	V	S
						1
2	3	4	5	6	7	8
9	10	11	12	13	14	15
16	17	18	19	20	21	22
23	24	25	26	27	28	29
30	31					

PRIORIDADES

7 am

8 am

9 am

10 am

11 am

12 am

1 pm

2 pm

3 pm

4 pm

5 pm

6 pm

7 pm

8 pm

9 pm

notas

«El que practica el pecado es del diablo, porque el diablo ha estado pecando desde el principio. El Hijo de Dios fue enviado precisamente para destruir las obras del diablo».

1 JUAN 3:8, NVI

25 — martes

PRIORIDADES

....
....
....
....

AGOSTO 2026

D	L	M	M	J	V	S
						1
2	3	4	5	6	7	8
9	10	11	12	13	14	15
16	17	18	19	20	21	22
23	24	25	26	27	28	29
30	31					

7 am
8 am
9 am
10 am
11 am
12 am
1 pm
2 pm
3 pm
4 pm
5 pm
6 pm
7 pm
8 pm
9 pm

notas

«La gloria postrera de esta casa será mayor que la primera, ha dicho Jehová de los ejércitos; y daré paz en este lugar, dice Jehová de los ejércitos».

HAGEO 2:9, RVR60

miércoles
26

AGOSTO 2026

D	L	M	M	J	V	S
						1
2	3	4	5	6	7	8
9	10	11	12	13	14	15
16	17	18	19	20	21	22
23	24	25	26	27	28	29
30	31					

PRIORIDADES

7 am

8 am

9 am

10 am

11 am

12 am

1 pm

2 pm

3 pm

4 pm

5 pm

6 pm

7 pm

8 pm

9 pm

notas

«El Señor mismo peleará por ustedes.
Solo quédense tranquilos».

ÉXODO 14:14, NTV

27 *jueves*

PRIORIDADES

AGOSTO 2026

D	L	M	M	J	V	S
						1
2	3	4	5	6	7	8
9	10	11	12	13	14	15
16	17	18	19	20	21	22
23	24	25	26	27	28	29
30	31					

7 am

8 am

9 am

10 am

11 am

12 am

1 pm

2 pm

3 pm

4 pm

5 pm

6 pm

7 pm

8 pm

9 pm

notas

«En ti confían los que conocen tu nombre,
porque tú, Señor, jamás abandonas
a los que te buscan».

SALMO 9:10, NVI

AGOSTO 2026

D	L	M	M	J	V	S
						1
2	3	4	5	6	7	8
9	10	11	12	13	14	15
16	17	18	19	20	21	22
23	24	25	26	27	28	29
30	31					

viernes

28

PRIORIDADES

7 am

8 am

9 am

10 am

11 am

12 am

1 pm

2 pm

3 pm

4 pm

5 pm

6 pm

7 pm

8 pm

9 pm

notas

«Por lo tanto, advierte al pueblo que así dice el Señor de los Ejércitos: "Vuélvanse a mí, y yo me volveré a ustedes", afirma el Señor de los Ejércitos».

ZACARÍAS 1:3, NVI

29 — sábado

PRIORIDADES

AGOSTO 2026

D	L	M	M	J	V	S
						1
2	3	4	5	6	7	8
9	10	11	12	13	14	15
16	17	18	19	20	21	22
23	24	25	26	27	28	29
30	31					

7 am

8 am

9 am

10 am

11 am

12 am

1 pm

2 pm

3 pm

4 pm

5 pm

6 pm

7 pm

8 pm

9 pm

notas

«Yo he puesto mi esperanza en el Señor;
yo espero en el Dios de mi salvación.
¡Mi Dios me escuchará!».

MIQUEAS 7:7, NVI

domingo
30

AGOSTO 2026

D	L	M	M	J	V	S
						1
2	3	4	5	6	7	8
9	10	11	12	13	14	15
16	17	18	19	20	21	22
23	24	25	26	27	28	29
30	31					

PRIORIDADES

7 am

8 am

9 am

10 am

11 am

12 am

1 pm

2 pm

3 pm

4 pm

5 pm

6 pm

7 pm

8 pm

9 pm

notas

«Aunque tropiecen, nunca caerán,
porque el Señor los sostiene de la mano».

SALMO 37:24, NTV

31 lunes

PRIORIDADES

AGOSTO 2026

D	L	M	M	J	V	S
						1
2	3	4	5	6	7	8
9	10	11	12	13	14	15
16	17	18	19	20	21	22
23	24	25	26	27	28	29
30	31					

7 am

8 am

9 am

10 am

11 am

12 am

1 pm

2 pm

3 pm

4 pm

5 pm

6 pm

7 pm

8 pm

9 pm

notas

«Si tengo el don de profecía y entiendo todos los misterios; si poseo todo conocimiento, si tengo una fe que logra trasladar montañas, pero me falta el amor, no soy nada».

1 CORINTIOS 13:2, NVI

Septiembre

«Bendito el hombre que confía en el SEÑOR y pone su confianza en él».

JEREMÍAS 17:7, NVI

Septiembre 2026

DOMINGO	LUNES	MARTES	MIÉRCOLES
		1	2
6	7	8	9
13	14	15	16
20	21	22	23
27	28	29	30

<table>
<tr><th>JUEVES</th><th>VIERNES</th><th>SÁBADO</th></tr>
<tr><td>3</td><td>4</td><td>5</td></tr>
<tr><td>10</td><td>11</td><td>12</td></tr>
<tr><td>17</td><td>18</td><td>19</td></tr>
<tr><td>24</td><td>25</td><td>26</td></tr>
</table>

notas

AGOSTO 2026

D	L	M	M	J	V	S
						1
2	3	4	5	6	7	8
9	10	11	12	13	14	15
16	17	18	19	20	21	22
23	24	25	26	27	28	29
30	31					

OCTUBRE 2026

D	L	M	M	J	V	S
				1	2	3
4	5	6	7	8	9	10
11	12	13	14	15	16	17
18	19	20	21	22	23	24
25	26	27	28	29	30	31

Plan mensual

PRIORIDADES DEL MES

OBJETIVOS PERSONALES

OBJETIVOS GENERALES

Presupuesto mensual

CUENTAS	FECHA	CANTIDAD	PAGO	BALANCE

«El Señor tu Dios te bendecirá
tal como lo prometió».
DEUTERONOMIO 15:6, NTV

TOTAL

01 — martes

PRIORIDADES

SEPTIEMBRE 2026

D	L	M	M	J	V	S
		1	2	3	4	5
6	7	8	9	10	11	12
13	14	15	16	17	18	19
20	21	22	23	24	25	26
27	28	29	30			

7 am

8 am

9 am

10 am

11 am

12 am

1 pm

2 pm

3 pm

4 pm

5 pm

6 pm

7 pm

8 pm

9 pm

notas

«Enséñame a hacer tu voluntad,
porque tú eres mi Dios;
tu buen espíritu me guíe
a tierra de rectitud».

SALMO 143:10, RVR60

miércoles

02

SEPTIEMBRE 2026

D	L	M	M	J	V	S
	1	2	3	4	5	
6	7	8	9	10	11	12
13	14	15	16	17	18	19
20	21	22	23	24	25	26
27	28	29	30			

PRIORIDADES

7 am

8 am

9 am

10 am

11 am

12 am

1 pm

2 pm

3 pm

4 pm

5 pm

6 pm

7 pm

8 pm

9 pm

notas

«Yo mismo iré contigo
y te daré descanso
—respondió el Señor».

ÉXODO 33:14, NVI

03 *jueves*

PRIORIDADES

....
....
....
....

SEPTIEMBRE 2026

D	L	M	M	J	V	S
		1	2	3	4	5
6	7	8	9	10	11	12
13	14	15	16	17	18	19
20	21	22	23	24	25	26
27	28	29	30			

7 am
8 am
9 am
10 am
11 am
12 am
1 pm
2 pm
3 pm
4 pm
5 pm
6 pm
7 pm
8 pm
9 pm

notas

«La esperanza de los justos es alegría; mas la esperanza de los impíos perecerá».

PROVERBIOS 10:28, RVR60

viernes

04

SEPTIEMBRE 2026

D	L	M	M	J	V	S
		1	2	3	4	5
6	7	8	9	10	11	12
13	14	15	16	17	18	19
20	21	22	23	24	25	26
27	28	29	30			

PRIORIDADES

7 am

8 am

9 am

10 am

11 am

12 am

1 pm

2 pm

3 pm

4 pm

5 pm

6 pm

7 pm

8 pm

9 pm

notas

«Este es el día que hizo el Señor; nos gozaremos y alegraremos en él».

SALMO 118:24, NTV

05

sábado

PRIORIDADES

7 am

8 am

9 am

10 am

11 am

12 am

1 pm

2 pm

3 pm

4 pm

5 pm

6 pm

7 pm

8 pm

9 pm

notas

«Cuando viene la soberbia,
viene también la deshonra;
mas con los humildes
está la sabiduría».

PROVERBIOS 11:2, RVR60

domingo **06**

SEPTIEMBRE 2026

D	L	M	M	J	V	S
		1	2	3	4	5
6	7	8	9	10	11	12
13	14	15	16	17	18	19
20	21	22	23	24	25	26
27	28	29	30			

PRIORIDADES

7 am

8 am

9 am

10 am

11 am

12 am

1 pm

2 pm

3 pm

4 pm

5 pm

6 pm

7 pm

8 pm

9 pm

notas

«El Señor es mi fuerza y mi escudo; mi corazón en él confía; de él recibo ayuda».

SALMO 28:7, NVI

07 lunes

PRIORIDADES

SEPTIEMBRE 2026

D	L	M	M	J	V	S
		1	2	3	4	5
6	7	8	9	10	11	12
13	14	15	16	17	18	19
20	21	22	23	24	25	26
27	28	29	30			

7 am

8 am

9 am

10 am

11 am

12 am

1 pm

2 pm

3 pm

4 pm

5 pm

6 pm

7 pm

8 pm

9 pm

notas

«¡En ningún otro hay salvación!
Dios no ha dado ningún otro
nombre bajo el cielo, mediante
el cual podamos ser salvos».

HECHOS 4:12, NTV

martes

08

SEPTIEMBRE 2026

D	L	M	M	J	V	S
		1	2	3	4	5
6	7	8	9	10	11	12
13	14	15	16	17	18	19
20	21	22	23	24	25	26
27	28	29	30			

PRIORIDADES

7 am

8 am

9 am

10 am

11 am

12 am

1 pm

2 pm

3 pm

4 pm

5 pm

6 pm

7 pm

8 pm

9 pm

notas

«Dios es nuestro amparo y
fortaleza, nuestro pronto
auxilio en las tribulaciones».

SALMO 46:1, RVR60

09 *miércoles*

PRIORIDADES

SEPTIEMBRE 2026						
D	L	M	M	J	V	S
		1	2	3	4	5
6	7	8	9	10	11	12
13	14	15	16	17	18	19
20	21	22	23	24	25	26
27	28	29	30			

7 am

8 am

9 am

10 am

11 am

12 am

1 pm

2 pm

3 pm

4 pm

5 pm

6 pm

7 pm

8 pm

9 pm

notas

«El Señor ama la justicia
y el derecho; llena está
la tierra de su gran amor».

SALMO 33:5, NVI

jueves **10**

SEPTIEMBRE 2026

D	L	M	M	J	V	S
		1	2	3	4	5
6	7	8	9	10	11	12
13	14	15	16	17	18	19
20	21	22	23	24	25	26
27	28	29	30			

PRIORIDADES

7 am

8 am

9 am

10 am

11 am

12 am

1 pm

2 pm

3 pm

4 pm

5 pm

6 pm

7 pm

8 pm

9 pm

notas

«Yo, el Señor, amo la justicia,
pero odio el robo y la iniquidad.
En mi fidelidad los recompensaré
y haré con ellos un pacto eterno».

ISAÍAS 61:8, NVI

11 *viernes*

PRIORIDADES

SEPTIEMBRE 2026

D	L	M	M	J	V	S
		1	2	3	4	5
6	7	8	9	10	11	12
13	14	15	16	17	18	19
20	21	22	23	24	25	26
27	28	29	30			

7 am

8 am

9 am

10 am

11 am

12 am

1 pm

2 pm

3 pm

4 pm

5 pm

6 pm

7 pm

8 pm

9 pm

notas

«Y toda lengua confiese
que Jesucristo es el Señor,
para gloria de Dios Padre».

FILIPENSES 2:11, NVI

sábado

12

SEPTIEMBRE 2026

D	L	M	M	J	V	S
		1	2	3	4	5
6	7	8	9	10	11	12
13	14	15	16	17	18	19
20	21	22	23	24	25	26
27	28	29	30			

PRIORIDADES

7 am

8 am

9 am

10 am

11 am

12 am

1 pm

2 pm

3 pm

4 pm

5 pm

6 pm

7 pm

8 pm

9 pm

notas

«Felices son los íntegros,
los que siguen las enseñanzas
del Señor».

SALMO 119:1, NTV

13   *domingo*

PRIORIDADES

SEPTIEMBRE 2026

D	L	M	M	J	V	S
		1	2	3	4	5
6	7	8	9	10	11	12
13	14	15	16	17	18	19
20	21	22	23	24	25	26
27	28	29	30			

7 am

8 am

9 am

10 am

11 am

12 am

1 pm

2 pm

3 pm

4 pm

5 pm

6 pm

7 pm

8 pm

9 pm

notas

«Los que sembraron
con lágrimas, con
regocijo segarán».

SALMO 126:5, RVR60

lunes **14**

SEPTIEMBRE 2026

D	L	M	M	J	V	S
		1	2	3	4	5
6	7	8	9	10	11	12
13	14	15	16	17	18	19
20	21	22	23	24	25	26
27	28	29	30			

PRIORIDADES

7 am
8 am
9 am
10 am
11 am
12 am
1 pm
2 pm
3 pm
4 pm
5 pm
6 pm
7 pm
8 pm
9 pm

notas

«Los fuertes en la fe debemos
apoyar a los débiles, en vez de
hacer lo que nos agrada».

ROMANOS 15:1, NVI

15

martes

PRIORIDADES

SEPTIEMBRE 2026

D	L	M	M	J	V	S
		1	2	3	4	5
6	7	8	9	10	11	12
13	14	15	16	17	18	19
20	21	22	23	24	25	26
27	28	29	30			

7 am

8 am

9 am

10 am

11 am

12 am

1 pm

2 pm

3 pm

4 pm

5 pm

6 pm

7 pm

8 pm

9 pm

notas

«Sigan por el camino que el Señor su Dios ha trazado para que vivan, prosperen y disfruten de larga vida en la tierra».

DEUTERONOMIO 5:33, NVI

miércoles **16**

SEPTIEMBRE 2026

D	L	M	M	J	V	S
		1	2	3	4	5
6	7	8	9	10	11	12
13	14	15	16	17	18	19
20	21	22	23	24	25	26
27	28	29	30			

PRIORIDADES

7 am

8 am

9 am

10 am

11 am

12 am

1 pm

2 pm

3 pm

4 pm

5 pm

6 pm

7 pm

8 pm

9 pm

notas

«La bendición de Jehová es la que enriquece, y no añade tristeza con ella».

PROVERBIOS 10:22, RVR60

17 *jueves*

PRIORIDADES

7 am

8 am

9 am

10 am

11 am

12 am

1 pm

2 pm

3 pm

4 pm

5 pm

6 pm

7 pm

8 pm

9 pm

notas

«Con Dios obtendremos la victoria; ¡él aplastará a nuestros enemigos!».

SALMO 60:12, NVI

viernes **18**

SEPTIEMBRE 2026

D	L	M	M	J	V	S
		1	2	3	4	5
6	7	8	9	10	11	12
13	14	15	16	17	18	19
20	21	22	23	24	25	26
27	28	29	30			

PRIORIDADES

7 am

8 am

9 am

10 am

11 am

12 am

1 pm

2 pm

3 pm

4 pm

5 pm

6 pm

7 pm

8 pm

9 pm

notas

«No temas ni te desalientes, porque el propio Señor irá delante de ti. Él estará contigo; no te fallará ni te abandonará».

DEUTERONOMIO 31:8, NTV

19 — sábado

PRIORIDADES

SEPTIEMBRE 2026

D	L	M	M	J	V	S
		1	2	3	4	5
6	7	8	9	10	11	12
13	14	15	16	17	18	19
20	21	22	23	24	25	26
27	28	29	30			

7 am

8 am

9 am

10 am

11 am

12 am

1 pm

2 pm

3 pm

4 pm

5 pm

6 pm

7 pm

8 pm

9 pm

notas

«Entonces ustedes
me invocarán, vendrán
a suplicarme y yo
los escucharé».

JEREMÍAS 29:12, NVI

domingo

20

SEPTIEMBRE 2026

D	L	M	M	J	V	S
		1	2	3	4	5
6	7	8	9	10	11	12
13	14	15	16	17	18	19
20	21	22	23	24	25	26
27	28	29	30			

PRIORIDADES

7 am

8 am

9 am

10 am

11 am

12 am

1 pm

2 pm

3 pm

4 pm

5 pm

6 pm

7 pm

8 pm

9 pm

notas

«¡Fíjense qué gran amor nos ha dado el Padre, que se nos llame hijos de Dios! ¡Y lo somos!».

1 JUAN 3:1, NVI

21 *lunes*

PRIORIDADES

SEPTIEMBRE 2026

D	L	M	M	J	V	S
		1	2	3	4	5
6	7	8	9	10	11	12
13	14	15	16	17	18	19
20	21	22	23	24	25	26
27	28	29	30			

7 am
8 am
9 am
10 am
11 am
12 am
1 pm
2 pm
3 pm
4 pm
5 pm
6 pm
7 pm
8 pm
9 pm

notas

«Yo soy el buen pastor;
el buen pastor su vida da
por las ovejas».

JUAN 10:11, RVR60

martes

22

SEPTIEMBRE 2026

D	L	M	M	J	V	S
		1	2	3	4	5
6	7	8	9	10	11	12
13	14	15	16	17	18	19
20	21	22	23	24	25	26
27	28	29	30			

PRIORIDADES

7 am

8 am

9 am

10 am

11 am

12 am

1 pm

2 pm

3 pm

4 pm

5 pm

6 pm

7 pm

8 pm

9 pm

notas

«De cierto os digo, que si tuviereis
fe como un grano de mostaza, diréis
a este monte: Pásate de aquí allá, y
se pasará; y nada os será imposible».

MATEO 17:20, RVR60

23 miércoles

PRIORIDADES

SEPTIEMBRE 2026

D	L	M	M	J	V	S
		1	2	3	4	5
6	7	8	9	10	11	12
13	14	15	16	17	18	19
20	21	22	23	24	25	26
27	28	29	30			

7 am

8 am

9 am

10 am

11 am

12 am

1 pm

2 pm

3 pm

4 pm

5 pm

6 pm

7 pm

8 pm

9 pm

notas

«Ayúdense a llevar los unos las cargas de los otros, y obedezcan de esa manera la ley de Cristo».

GÁLATAS 6:2, NTV

jueves
24

SEPTIEMBRE 2026

D	L	M	M	J	V	S
		1	2	3	4	5
6	7	8	9	10	11	12
13	14	15	16	17	18	19
20	21	22	23	24	25	26
27	28	29	30			

PRIORIDADES

7 am

8 am

9 am

10 am

11 am

12 am

1 pm

2 pm

3 pm

4 pm

5 pm

6 pm

7 pm

8 pm

9 pm

notas

«Fiel es Dios, quien los ha llamado a tener comunión con su Hijo Jesucristo, nuestro Señor».

1 CORINTIOS 1:9, NVI

25 viernes

PRIORIDADES

SEPTIEMBRE 2026

D	L	M	M	J	V	S
		1	2	3	4	5
6	7	8	9	10	11	12
13	14	15	16	17	18	19
20	21	22	23	24	25	26
27	28	29	30			

7 am
8 am
9 am
10 am
11 am
12 am
1 pm
2 pm
3 pm
4 pm
5 pm
6 pm
7 pm
8 pm
9 pm

notas

«El orgullo solo genera contiendas, pero la sabiduría está con quienes oyen consejos».

PROVERBIOS 13:10, NVI

sábado
26

SEPTIEMBRE 2026

D	L	M	M	J	V	S
		1	2	3	4	5
6	7	8	9	10	11	12
13	14	15	16	17	18	19
20	21	22	23	24	25	26
27	28	29	30			

PRIORIDADES

7 am
8 am
9 am
10 am
11 am
12 am
1 pm
2 pm
3 pm
4 pm
5 pm
6 pm
7 pm
8 pm
9 pm

notas

«Jesús les dijo: Yo soy el pan de vida; el que a mí viene, nunca tendrá hambre; y el que en mí cree, no tendrá sed jamás».

JUAN 6:35, RVR60

27 — domingo

PRIORIDADES

SEPTIEMBRE 2026

D	L	M	M	J	V	S
		1	2	3	4	5
6	7	8	9	10	11	12
13	14	15	16	17	18	19
20	21	22	23	24	25	26
27	28	29	30			

7 am

8 am

9 am

10 am

11 am

12 am

1 pm

2 pm

3 pm

4 pm

5 pm

6 pm

7 pm

8 pm

9 pm

notas

«Él revela lo profundo
y lo escondido; conoce lo que
está en tinieblas, y con él
mora la luz».

DANIEL 2:22, RVR60

SEPTIEMBRE 2026

D	L	M	M	J	V	S
		1	2	3	4	5
6	7	8	9	10	11	12
13	14	15	16	17	18	19
20	21	22	23	24	25	26
27	28	29	30			

lunes
28

PRIORIDADES

7 am
8 am
9 am
10 am
11 am
12 am
1 pm
2 pm
3 pm
4 pm
5 pm
6 pm
7 pm
8 pm
9 pm

notas

«Dichoso el que resiste la tentación porque, al salir aprobado, recibirá la corona de la vida que el Señor ha prometido a quienes lo aman».

SANTIAGO 1:12, NVI

29 — martes

PRIORIDADES

SEPTIEMBRE 2026

D	L	M	M	J	V	S
		1	2	3	4	5
6	7	8	9	10	11	12
13	14	15	16	17	18	19
20	21	22	23	24	25	26
27	28	29	30			

7 am

8 am

9 am

10 am

11 am

12 am

1 pm

2 pm

3 pm

4 pm

5 pm

6 pm

7 pm

8 pm

9 pm

notas

«¿Por qué estás tan abatida, alma mía? ¿Por qué estás tan angustiada? En Dios pondré mi esperanza y lo seguiré alabando».

SALMO 42:5, NVI

miércoles

30

SEPTIEMBRE 2026

D	L	M	M	J	V	S
		1	2	3	4	5
6	7	8	9	10	11	12
13	14	15	16	17	18	19
20	21	22	23	24	25	26
27	28	29	30			

PRIORIDADES

7 am

8 am

9 am

10 am

11 am

12 am

1 pm

2 pm

3 pm

4 pm

5 pm

6 pm

7 pm

8 pm

9 pm

notas

«Porque para mí el vivir
es Cristo, y el morir es ganancia».

FILIPENSES 1:21, RVR60

notas

Octubre

«¡Así que sé fuerte y valiente! No tengas miedo ni sientas pánico frente a ellos, porque el Señor tu Dios, él mismo irá delante de ti. No te fallará ni te abandonará».

DEUTERONOMIO 31:6, NTV

Octubre 2026

DOMINGO	LUNES	MARTES	MIÉRCOLES
4	5	6	7
11	12	13	14
18	19	20	21
25	26	27	28

JUEVES	VIERNES	SÁBADO
1	2	3
8	9	10
15	16	17
22	23	24
29	30	31

notas

....

....

....

....

....

....

....

....

....

....

SEPTIEMBRE 2026

D	L	M	M	J	V	S
		1	2	3	4	5
6	7	8	9	10	11	12
13	14	15	16	17	18	19
20	21	22	23	24	25	26
27	28	29	30			

NOVIEMBRE 2026

D	L	M	M	J	V	S
1	2	3	4	5	6	7
8	9	10	11	12	13	14
15	16	17	18	19	20	21
22	23	24	25	26	27	28
29	30					

Plan mensual

PRIORIDADES DEL MES

OBJETIVOS PERSONALES OBJETIVOS GENERALES

Presupuesto mensual

CUENTAS	FECHA	CANTIDAD	PAGO	BALANCE

«Las riquezas mal habidas no sirven de nada».
PROVERBIOS 10:2, NVI

TOTAL

01 *jueves*

PRIORIDADES

OCTUBRE 2026

D	L	M	M	J	V	S
				1	2	3
4	5	6	7	8	9	10
11	12	13	14	15	16	17
18	19	20	21	22	23	24
25	26	27	28	29	30	31

7 am
8 am
9 am
10 am
11 am
12 am
1 pm
2 pm
3 pm
4 pm
5 pm
6 pm
7 pm
8 pm
9 pm

notas

«Muchos son los planes en el corazón de las personas, pero al final prevalecen los designios del Señor».

PROVERBIOS 19:21, NVI

viernes

02

OCTUBRE 2026

D	L	M	M	J	V	S
				1	2	3
4	5	6	7	8	9	10
11	12	13	14	15	16	17
18	19	20	21	22	23	24
25	26	27	28	29	30	31

PRIORIDADES

7 am
8 am
9 am
10 am
11 am
12 am
1 pm
2 pm
3 pm
4 pm
5 pm
6 pm
7 pm
8 pm
9 pm

notas

«Sabemos que nuestro antiguo ser pecaminoso fue crucificado con Cristo para que el pecado perdiera su poder en nuestra vida. Ya no somos esclavos del pecado».

ROMANOS 6:6, NTV

03

sábado

PRIORIDADES

OCTUBRE 2026

D	L	M	M	J	V	S
				1	2	3
4	5	6	7	8	9	10
11	12	13	14	15	16	17
18	19	20	21	22	23	24
25	26	27	28	29	30	31

7 am

8 am

9 am

10 am

11 am

12 am

1 pm

2 pm

3 pm

4 pm

5 pm

6 pm

7 pm

8 pm

9 pm

notas

«Pues ni aun el Hijo del Hombre vino para que le sirvan, sino para servir a otros y para dar su vida en rescate por muchos».

MATEO 20:28, NTV

OCTUBRE 2026

D	L	M	M	J	V	S
				1	2	3
4	5	6	7	8	9	10
11	12	13	14	15	16	17
18	19	20	21	22	23	24
25	26	27	28	29	30	31

domingo **04**

PRIORIDADES

7 am

8 am

9 am

10 am

11 am

12 am

1 pm

2 pm

3 pm

4 pm

5 pm

6 pm

7 pm

8 pm

9 pm

notas

«Si alguno me sirve, sígame; y donde yo estuviere, allí también estará mi servidor. Si alguno me sirviere, mi Padre le honrará».

JUAN 12:26, RVR60

05 | *lunes*

PRIORIDADES

OCTUBRE 2026

D	L	M	M	J	V	S
				1	2	3
4	5	6	7	8	9	10
11	12	13	14	15	16	17
18	19	20	21	22	23	24
25	26	27	28	29	30	31

7 am

8 am

9 am

10 am

11 am

12 am

1 pm

2 pm

3 pm

4 pm

5 pm

6 pm

7 pm

8 pm

9 pm

notas

«Si fuéremos infieles,
él permanece fiel; él no puede
negarse a sí mismo».

2 TIMOTEO 2:13, RVR60

martes
06

OCTUBRE 2026

D	L	M	M	J	V	S
				1	2	3
4	5	6	7	8	9	10
11	12	13	14	15	16	17
18	19	20	21	22	23	24
25	26	27	28	29	30	31

PRIORIDADES

7 am

8 am

9 am

10 am

11 am

12 am

1 pm

2 pm

3 pm

4 pm

5 pm

6 pm

7 pm

8 pm

9 pm

notas

«No les tengas miedo [...], porque te he dado la victoria. Ni uno de ellos podrá hacerte frente».

JOSUÉ 10:8, NTV

07 · *miércoles*

PRIORIDADES

....

....

....

....

OCTUBRE 2026

D	L	M	M	J	V	S
				1	2	3
4	5	6	7	8	9	10
11	12	13	14	15	16	17
18	19	20	21	22	23	24
25	26	27	28	29	30	31

7 am

8 am

9 am

10 am

11 am

12 am

1 pm

2 pm

3 pm

4 pm

5 pm

6 pm

7 pm

8 pm

9 pm

notas

«Confío en Dios y alabo su palabra;
confío en Dios y no siento miedo.
¿Qué puede hacerme un simple mortal?».

SALMO 56:4, NVI

jueves **08**

OCTUBRE 2026

D	L	M	M	J	V	S
				1	2	3
4	5	6	7	8	9	10
11	12	13	14	15	16	17
18	19	20	21	22	23	24
25	26	27	28	29	30	31

PRIORIDADES

7 am

8 am

9 am

10 am

11 am

12 am

1 pm

2 pm

3 pm

4 pm

5 pm

6 pm

7 pm

8 pm

9 pm

notas

«Y sabemos que a los que aman a Dios, todas las cosas les ayudan a bien, esto es, a los que conforme a su propósito son llamados».

ROMANOS 8:28, RVR60

09

viernes

PRIORIDADES

OCTUBRE 2026

D	L	M	M	J	V	S
				1	2	3
4	5	6	7	8	9	10
11	12	13	14	15	16	17
18	19	20	21	22	23	24
25	26	27	28	29	30	31

7 am

8 am

9 am

10 am

11 am

12 am

1 pm

2 pm

3 pm

4 pm

5 pm

6 pm

7 pm

8 pm

9 pm

notas

«El Señor es sol y escudo; Dios
nos concede honor y gloria.
El Señor no niega sus bondades a los
que se conducen con integridad».

PROVERBIOS 2:7-8, NVI

sábado **10**

OCTUBRE 2026

D	L	M	M	J	V	S
					1	2	3
4	5	6	7	8	9	10
11	12	13	14	15	16	17
18	19	20	21	22	23	24
25	26	27	28	29	30	31

PRIORIDADES

7 am

8 am

9 am

10 am

11 am

12 am

1 pm

2 pm

3 pm

4 pm

5 pm

6 pm

7 pm

8 pm

9 pm

notas

«Aprendan a hacer el bien. Busquen
la justicia y ayuden a los oprimidos.
Defiendan la causa de los huérfanos
y luchen por los derechos de las viudas».

ISAÍAS 1:17, NTV

11 domingo

PRIORIDADES

OCTUBRE 2026

D	L	M	M	J	V	S
				1	2	3
4	5	6	7	8	9	10
11	12	13	14	15	16	17
18	19	20	21	22	23	24
25	26	27	28	29	30	31

7 am

8 am

9 am

10 am

11 am

12 am

1 pm

2 pm

3 pm

4 pm

5 pm

6 pm

7 pm

8 pm

9 pm

notas

«Esta esperanza es un ancla firme
y confiable para el alma; nos conduce
a través de la cortina al santuario
interior de Dios».

HEBREOS 6:19, NTV

lunes **12**

OCTUBRE 2026

D	L	M	M	J	V	S
				1	2	3
4	5	6	7	8	9	10
11	12	13	14	15	16	17
18	19	20	21	22	23	24
25	26	27	28	29	30	31

PRIORIDADES

7 am

8 am

9 am

10 am

11 am

12 am

1 pm

2 pm

3 pm

4 pm

5 pm

6 pm

7 pm

8 pm

9 pm

notas

«Ponte de pie en la presencia de los ancianos y muestra respeto por las personas de edad. Teme a tu Dios. Yo soy el Señor».

LEVÍTICO 19:32, NTV

13 *martes*

PRIORIDADES

OCTUBRE 2026

D	L	M	M	J	V	S
				1	2	3
4	5	6	7	8	9	10
11	12	13	14	15	16	17
18	19	20	21	22	23	24
25	26	27	28	29	30	31

7 am

8 am

9 am

10 am

11 am

12 am

1 pm

2 pm

3 pm

4 pm

5 pm

6 pm

7 pm

8 pm

9 pm

notas

«Esta es la promesa
que él nos dio: la vida eterna».

1 JUAN 2:25, NVI

miércoles
14

OCTUBRE 2026

D	L	M	M	J	V	S
					1	2	3
4	5	6	7	8	9	10
11	12	13	14	15	16	17
18	19	20	21	22	23	24
25	26	27	28	29	30	31

PRIORIDADES

7 am

8 am

9 am

10 am

11 am

12 am

1 pm

2 pm

3 pm

4 pm

5 pm

6 pm

7 pm

8 pm

9 pm

notas

«El fruto del Espíritu es amor, alegría, paz, paciencia, amabilidad, bondad, fidelidad, humildad y dominio propio. No hay ley que condene estas cosas».

GÁLATAS 5:22-23, NVI

15 jueves

PRIORIDADES

OCTUBRE 2026

D	L	M	M	J	V	S
				1	2	3
4	5	6	7	8	9	10
11	12	13	14	15	16	17
18	19	20	21	22	23	24
25	26	27	28	29	30	31

7 am

8 am

9 am

10 am

11 am

12 am

1 pm

2 pm

3 pm

4 pm

5 pm

6 pm

7 pm

8 pm

9 pm

notas

«La sabiduría que es de lo alto es primeramente pura, después pacífica, amable, benigna, llena de misericordia y de buenos frutos, sin incertidumbre ni hipocresía».

SANTIAGO 3:17, RVR60

viernes

16

OCTUBRE 2026

D	L	M	M	J	V	S
				1	2	3
4	5	6	7	8	9	10
11	12	13	14	15	16	17
18	19	20	21	22	23	24
25	26	27	28	29	30	31

PRIORIDADES

7 am

8 am

9 am

10 am

11 am

12 am

1 pm

2 pm

3 pm

4 pm

5 pm

6 pm

7 pm

8 pm

9 pm

notas

«Porque no nos ha dado Dios espíritu
de cobardía, sino de poder, de amor
y de dominio propio».

2 TIMOTEO 1:7, RVR60

17 *sábado*

PRIORIDADES

OCTUBRE 2026

D	L	M	M	J	V	S
					1	2
4	5	6	7	8	9	10
11	12	13	14	15	16	17
18	19	20	21	22	23	24
25	26	27	28	29	30	31

7 am

8 am

9 am

10 am

11 am

12 am

1 pm

2 pm

3 pm

4 pm

5 pm

6 pm

7 pm

8 pm

9 pm

notas

«Es, pues, la fe la certeza
de lo que se espera, la convicción
de lo que no se ve».

HEBREOS 11:1, RVR60

domingo **18**

OCTUBRE 2026

D	L	M	M	J	V	S
				1	2	3
4	5	6	7	8	9	10
11	12	13	14	15	16	17
18	19	20	21	22	23	24
25	26	27	28	29	30	31

PRIORIDADES

7 am

8 am

9 am

10 am

11 am

12 am

1 pm

2 pm

3 pm

4 pm

5 pm

6 pm

7 pm

8 pm

9 pm

notas

«Y ahora, Señor, ¿qué esperaré?
Mi esperanza está en ti».

SALMO 39:7, RVR60

19 lunes

PRIORIDADES

OCTUBRE 2026

D	L	M	M	J	V	S
				1	2	3
4	5	6	7	8	9	10
11	12	13	14	15	16	17
18	19	20	21	22	23	24
25	26	27	28	29	30	31

7 am

8 am

9 am

10 am

11 am

12 am

1 pm

2 pm

3 pm

4 pm

5 pm

6 pm

7 pm

8 pm

9 pm

notas

«Si confesamos nuestros pecados,
Dios, que es fiel y justo, nos los perdonará
y nos limpiará de toda maldad».

1 JUAN 1:9, NVI

martes

20

OCTUBRE 2026

D	L	M	M	J	V	S
				1	2	3
4	5	6	7	8	9	10
11	12	13	14	15	16	17
18	19	20	21	22	23	24
25	26	27	28	29	30	31

PRIORIDADES

7 am

8 am

9 am

10 am

11 am

12 am

1 pm

2 pm

3 pm

4 pm

5 pm

6 pm

7 pm

8 pm

9 pm

notas

«Ama al Señor tu Dios con todo
tu corazón, con toda tu alma y
con toda tu mente».

MATEO 22:37, NVI

21 — miércoles

PRIORIDADES

OCTUBRE 2026

D	L	M	M	J	V	S
				1	2	3
4	5	6	7	8	9	10
11	12	13	14	15	16	17
18	19	20	21	22	23	24
25	26	27	28	29	30	31

7 am

8 am

9 am

10 am

11 am

12 am

1 pm

2 pm

3 pm

4 pm

5 pm

6 pm

7 pm

8 pm

9 pm

notas

«No te afanes por hacerte rico;
sé prudente, y desiste».

PROVERBIOS 23:4, RVR60

OCTUBRE 2026

D	L	M	M	J	V	S
				1	2	3
4	5	6	7	8	9	10
11	12	13	14	15	16	17
18	19	20	21	22	23	24
25	26	27	28	29	30	31

jueves

22

PRIORIDADES

7 am

8 am

9 am

10 am

11 am

12 am

1 pm

2 pm

3 pm

4 pm

5 pm

6 pm

7 pm

8 pm

9 pm

notas

«Hasta ahora no han pedido nada en mi nombre. Pidan y recibirán para que su alegría sea completa».

JUAN 16:24, NVI

23 *viernes*

PRIORIDADES

7 am

8 am

9 am

10 am

11 am

12 am

1 pm

2 pm

3 pm

4 pm

5 pm

6 pm

7 pm

8 pm

9 pm

notas

«Esmérate en seguir la justicia,
la devoción, la fe, el amor,
la constancia y la humildad».

1 TIMOTEO 6:11, NVI

sábado
24

OCTUBRE 2026

D	L	M	M	J	V	S
				1	2	3
4	5	6	7	8	9	10
11	12	13	14	15	16	17
18	19	20	21	22	23	24
25	26	27	28	29	30	31

PRIORIDADES

7 am

8 am

9 am

10 am

11 am

12 am

1 pm

2 pm

3 pm

4 pm

5 pm

6 pm

7 pm

8 pm

9 pm

notas

«Pero cuando tenga miedo,
en ti pondré mi confianza».

SALMO 56:3, NTV

25 domingo

PRIORIDADES

OCTUBRE 2026

D	L	M	M	J	V	S
				1	2	3
4	5	6	7	8	9	10
11	12	13	14	15	16	17
18	19	20	21	22	23	24
25	26	27	28	29	30	31

7 am

8 am

9 am

10 am

11 am

12 am

1 pm

2 pm

3 pm

4 pm

5 pm

6 pm

7 pm

8 pm

9 pm

notas

«Así que la fe viene como resultado
de oír el mensaje y el mensaje
que se oye es la palabra de Cristo».

ROMANOS 10:17, NVI

lunes **26**

OCTUBRE 2026

D	L	M	M	J	V	S
				1	2	3
4	5	6	7	8	9	10
11	12	13	14	15	16	17
18	19	20	21	22	23	24
25	26	27	28	29	30	31

PRIORIDADES

7 am

8 am

9 am

10 am

11 am

12 am

1 pm

2 pm

3 pm

4 pm

5 pm

6 pm

7 pm

8 pm

9 pm

notas

«Les daré pastores conforme
a mi corazón para que los guíen
con sabiduría y entendimiento».

JEREMÍAS 3:15, NVI

27 martes

PRIORIDADES

7 am

8 am

9 am

10 am

11 am

12 am

1 pm

2 pm

3 pm

4 pm

5 pm

6 pm

7 pm

8 pm

9 pm

notas

«Incluso antes de haber hecho el mundo, Dios nos amó y nos eligió en Cristo para que seamos santos e intachables a sus ojos».

EFESIOS 1:4, NTV

miércoles
28

OCTUBRE 2026

D	L	M	M	J	V	S
				1	2	3
4	5	6	7	8	9	10
11	12	13	14	15	16	17
18	19	20	21	22	23	24
25	26	27	28	29	30	31

PRIORIDADES

7 am

8 am

9 am

10 am

11 am

12 am

1 pm

2 pm

3 pm

4 pm

5 pm

6 pm

7 pm

8 pm

9 pm

notas

«Tú guardarás en completa paz
a aquel cuyo pensamiento en ti
persevera; porque en ti ha confiado».

ISAÍAS 26:3, RVR60

29 jueves

PRIORIDADES

7 am

8 am

9 am

10 am

11 am

12 am

1 pm

2 pm

3 pm

4 pm

5 pm

6 pm

7 pm

8 pm

9 pm

notas

«No he venido a llamar a justos, sino a pecadores al arrepentimiento».

LUCAS 5:32, RVR60

viernes
30

OCTUBRE 2026

D	L	M	M	J	V	S
				1	2	3
4	5	6	7	8	9	10
11	12	13	14	15	16	17
18	19	20	21	22	23	24
25	26	27	28	29	30	31

PRIORIDADES

7 am

8 am

9 am

10 am

11 am

12 am

1 pm

2 pm

3 pm

4 pm

5 pm

6 pm

7 pm

8 pm

9 pm

notas

«Cuando pases por las aguas, yo estaré contigo; y si por los ríos, no te anegarán. Cuando pases por el fuego, no te quemarás, ni la llama arderá en ti».

ISAÍAS 43:2, RVR60

31 sábado

PRIORIDADES

OCTUBRE 2026

D	L	M	M	J	V	S
				1	2	3
4	5	6	7	8	9	10
11	12	13	14	15	16	17
18	19	20	21	22	23	24
25	26	27	28	29	30	31

7 am

8 am

9 am

10 am

11 am

12 am

1 pm

2 pm

3 pm

4 pm

5 pm

6 pm

7 pm

8 pm

9 pm

notas

«Dado que has obedecido mi mandato de perseverar, yo te protegeré del gran tiempo de prueba que vendrá sobre el mundo entero para probar a los que pertenecen a este mundo».

APOCALIPSIS 3:10, NTV

Noviembre

«¡Den gracias al SEÑOR porque él es bueno;
su gran amor perdura para siempre!».

SALMO 107:1, NVI

Noviembre 2026

DOMINGO	LUNES	MARTES	MIÉRCOLES
1	2	3	4
8	9	10	11
15	16	17	18
22	23	24	25
29	30		

JUEVES	VIERNES	SÁBADO
5	6	7
12	13	14
19	20	21
26	27	28

notas

OCTUBRE 2026

D	L	M	M	J	V	S
				1	2	3
4	5	6	7	8	9	10
11	12	13	14	15	16	17
18	19	20	21	22	23	24
25	26	27	28	29	30	31

DICIEMBRE 2026

D	L	M	M	J	V	S
		1	2	3	4	5
6	7	8	9	10	11	12
13	14	15	16	17	18	19
20	21	22	23	24	25	26
27	28	29	30	31		

Plan mensual

PRIORIDADES DEL MES

OBJETIVOS PERSONALES

OBJETIVOS GENERALES

Presupuesto mensual

CUENTAS	FECHA	CANTIDAD	PAGO	BALANCE

«Los justos dan con generosidad».
SALMO 37:21, NTV

TOTAL

01 *domingo*

PRIORIDADES

7 am

8 am

9 am

10 am

11 am

12 am

1 pm

2 pm

3 pm

4 pm

5 pm

6 pm

7 pm

8 pm

9 pm

notas

«Otra vez Jesús les habló, diciendo: Yo soy la luz del mundo; el que me sigue, no andará en tinieblas, sino que tendrá la luz de la vida».

JUAN 8:12, RVR60

lunes

02

NOVIEMBRE 2026

D	L	M	M	J	V	S
1	2	3	4	5	6	7
8	9	10	11	12	13	14
15	16	17	18	19	20	21
22	23	24	25	26	27	28
29	30					

PRIORIDADES

7 am

8 am

9 am

10 am

11 am

12 am

1 pm

2 pm

3 pm

4 pm

5 pm

6 pm

7 pm

8 pm

9 pm

notas

«Sean agradecidos en toda
circunstancia, pues esta es la
voluntad de Dios para ustedes,
los que pertenecen a Cristo Jesús».

1 TESALONICENSES 5:18, NTV

03   *martes*

PRIORIDADES

NOVIEMBRE 2026

D	L	M	M	J	V	S
1	2	3	4	5	6	7
8	9	10	11	12	13	14
15	16	17	18	19	20	21
22	23	24	25	26	27	28
29	30					

7 am

8 am

9 am

10 am

11 am

12 am

1 pm

2 pm

3 pm

4 pm

5 pm

6 pm

7 pm

8 pm

9 pm

notas

«Pongan todas sus preocupaciones y ansiedades en las manos de Dios, porque él cuida de ustedes».

1 PEDRO 5:7, NTV

miércoles **04**

NOVIEMBRE 2026

D	L	M	M	J	V	S
1	2	3	4	5	6	7
8	9	10	11	12	13	14
15	16	17	18	19	20	21
22	23	24	25	26	27	28
29	30					

PRIORIDADES

7 am
8 am
9 am
10 am
11 am
12 am
1 pm
2 pm
3 pm
4 pm
5 pm
6 pm
7 pm
8 pm
9 pm

notas

«Yo conozco que todo lo puedes,
y que no hay pensamiento que
se esconda de ti».

JOB 42:2, RVR60

05 *jueves*

PRIORIDADES

NOVIEMBRE 2026

D	L	M	M	J	V	S
1	2	3	4	5	6	7
8	9	10	11	12	13	14
15	16	17	18	19	20	21
22	23	24	25	26	27	28
29	30					

7 am

8 am

9 am

10 am

11 am

12 am

1 pm

2 pm

3 pm

4 pm

5 pm

6 pm

7 pm

8 pm

9 pm

notas

«Por lo demás, hermanos míos, fortaleceos en el Señor, y en el poder de su fuerza».

EFESIOS 6:10, RVR60

viernes

06

NOVIEMBRE 2026

D	L	M	M	J	V	S
1	2	3	4	5	6	7
8	9	10	11	12	13	14
15	16	17	18	19	20	21
22	23	24	25	26	27	28
29	30					

PRIORIDADES

7 am

8 am

9 am

10 am

11 am

12 am

1 pm

2 pm

3 pm

4 pm

5 pm

6 pm

7 pm

8 pm

9 pm

notas

«Así dice el Señor y Dios, el Santo de Israel: "En el arrepentimiento y la calma está su salvación, en la serenidad y la confianza está su fuerza"».

ISAÍAS 30:15, NVI

07 — *sábado*

PRIORIDADES

NOVIEMBRE 2026

D	L	M	M	J	V	S
1	2	3	4	5	6	7
8	9	10	11	12	13	14
15	16	17	18	19	20	21
22	23	24	25	26	27	28
29	30					

7 am
8 am
9 am
10 am
11 am
12 am
1 pm
2 pm
3 pm
4 pm
5 pm
6 pm
7 pm
8 pm
9 pm

notas

«Él da esfuerzo al cansado,
y multiplica las fuerzas
al que no tiene ningunas».

ISAÍAS 40:29, RVR60

domingo **08**

NOVIEMBRE 2026

D	L	M	M	J	V	S
1	2	3	4	5	6	7
8	9	10	11	12	13	14
15	16	17	18	19	20	21
22	23	24	25	26	27	28
29	30					

PRIORIDADES

7 am

8 am

9 am

10 am

11 am

12 am

1 pm

2 pm

3 pm

4 pm

5 pm

6 pm

7 pm

8 pm

9 pm

notas

«Panal de miel son las palabras amables: endulzan la vida y dan salud al cuerpo».

PROVERBIOS 16:24, NVI

09 *lunes*

PRIORIDADES

NOVIEMBRE 2026

D	L	M	M	J	V	S
1	2	3	4	5	6	7
8	9	10	11	12	13	14
15	16	17	18	19	20	21
22	23	24	25	26	27	28
29	30					

7 am
8 am
9 am
10 am
11 am
12 am
1 pm
2 pm
3 pm
4 pm
5 pm
6 pm
7 pm
8 pm
9 pm

notas

«Es mejor refugiarse en el Señor
que confiar en gente poderosa».

SALMO 118:9, NVI

martes **10**

NOVIEMBRE 2026

D	L	M	M	J	V	S
1	2	3	4	5	6	7
8	9	10	11	12	13	14
15	16	17	18	19	20	21
22	23	24	25	26	27	28
29	30					

PRIORIDADES

7 am

8 am

9 am

10 am

11 am

12 am

1 pm

2 pm

3 pm

4 pm

5 pm

6 pm

7 pm

8 pm

9 pm

notas

«¡Te alabo porque soy una
creación admirable!
¡Tus obras son maravillosas
y esto lo sé muy bien!».

SALMO 139:14, NVI

11 miércoles

PRIORIDADES

....
....
....
....

NOVIEMBRE 2026

D	L	M	M	J	V	S
1	2	3	4	5	6	7
8	9	10	11	12	13	14
15	16	17	18	19	20	21
22	23	24	25	26	27	28
29	30					

7 am

8 am

9 am

10 am

11 am

12 am

1 pm

2 pm

3 pm

4 pm

5 pm

6 pm

7 pm

8 pm

9 pm

notas

«Clama a mí, y yo te responderé,
y te enseñaré cosas grandes
y ocultas que tú no conoces».

JEREMÍAS 33:3, RVR60

jueves

12

NOVIEMBRE 2026

D	L	M	M	J	V	S
1	2	3	4	5	6	7
8	9	10	11	12	13	14
15	16	17	18	19	20	21
22	23	24	25	26	27	28
29	30					

PRIORIDADES

7 am

8 am

9 am

10 am

11 am

12 am

1 pm

2 pm

3 pm

4 pm

5 pm

6 pm

7 pm

8 pm

9 pm

notas

«Dios mostró el gran amor que
nos tiene al enviar a Cristo a
morir por nosotros cuando
todavía éramos pecadores».

ROMANOS 5:8, NTV

13   *viernes*

PRIORIDADES

NOVIEMBRE 2026

D	L	M	M	J	V	S
1	2	3	4	5	6	7
8	9	10	11	12	13	14
15	16	17	18	19	20	21
22	23	24	25	26	27	28
29	30					

7 am

8 am

9 am

10 am

11 am

12 am

1 pm

2 pm

3 pm

4 pm

5 pm

6 pm

7 pm

8 pm

9 pm

notas

«Aunque ande en valle de sombra de muerte, no temeré mal alguno, porque tú estarás conmigo; tu vara y tu cayado me infundirán aliento».

SALMO 23:4, RVR60

sábado
14

PRIORIDADES

7 am

8 am

9 am

10 am

11 am

12 am

1 pm

2 pm

3 pm

4 pm

5 pm

6 pm

7 pm

8 pm

9 pm

notas

«Recompensa de la humildad y del temor del Señor son las riquezas, la honra y la vida».

PROVERBIOS 22:4, NVI

15   *domingo*

PRIORIDADES

....

....

....

....

NOVIEMBRE 2026

D	L	M	M	J	V	S
1	2	3	4	5	6	7
8	9	10	11	12	13	14
15	16	17	18	19	20	21
22	23	24	25	26	27	28
29	30					

7 am

8 am

9 am

10 am

11 am

12 am

1 pm

2 pm

3 pm

4 pm

5 pm

6 pm

7 pm

8 pm

9 pm

notas

«¿Qué te pide el Señor tu Dios?
Simplemente que le temas y andes
en todos sus caminos, que lo ames
y le sirvas con todo tu corazón».

DEUTERONOMIO 10:12, NVI

lunes
16

NOVIEMBRE 2026

D	L	M	M	J	V	S
1	2	3	4	5	6	7
8	9	10	11	12	13	14
15	16	17	18	19	20	21
22	23	24	25	26	27	28
29	30					

PRIORIDADES

7 am

8 am

9 am

10 am

11 am

12 am

1 pm

2 pm

3 pm

4 pm

5 pm

6 pm

7 pm

8 pm

9 pm

notas

«Ahora bien, es evidente que por la Ley nadie es justificado delante de Dios, porque "el justo vivirá por la fe"».

GÁLATAS 3:11, NVI

17 *martes*

PRIORIDADES

NOVIEMBRE 2026

D	L	M	M	J	V	S
1	2	3	4	5	6	7
8	9	10	11	12	13	14
15	16	17	18	19	20	21
22	23	24	25	26	27	28
29	30					

7 am

8 am

9 am

10 am

11 am

12 am

1 pm

2 pm

3 pm

4 pm

5 pm

6 pm

7 pm

8 pm

9 pm

notas

«Llámame cuando tengas
problemas, y yo te rescataré,
y tú me darás la gloria».

SALMO 50:15, NTV

miércoles
18

NOVIEMBRE 2026

D	L	M	M	J	V	S
1	2	3	4	5	6	7
8	9	10	11	12	13	14
15	16	17	18	19	20	21
22	23	24	25	26	27	28
29	30					

PRIORIDADES

7 am

8 am

9 am

10 am

11 am

12 am

1 pm

2 pm

3 pm

4 pm

5 pm

6 pm

7 pm

8 pm

9 pm

notas

«Humíllense, pues, bajo la poderosa
mano de Dios para que él los exalte
a su debido tiempo».

1 PEDRO 5:6, NVI

19 *jueves*

PRIORIDADES

NOVIEMBRE 2026

D	L	M	M	J	V	S
1	2	3	4	5	6	7
8	9	10	11	12	13	14
15	16	17	18	19	20	21
22	23	24	25	26	27	28
29	30					

7 am
8 am
9 am
10 am
11 am
12 am
1 pm
2 pm
3 pm
4 pm
5 pm
6 pm
7 pm
8 pm
9 pm

notas

«Porque tú, Señor, eres bueno y perdonador, y grande en misericordia para con todos los que te invocan».

SALMO 86:5, RVR60

viernes
20

NOVIEMBRE 2026

D	L	M	M	J	V	S
1	2	3	4	5	6	7
8	9	10	11	12	13	14
15	16	17	18	19	20	21
22	23	24	25	26	27	28
29	30					

PRIORIDADES

7 am

8 am

9 am

10 am

11 am

12 am

1 pm

2 pm

3 pm

4 pm

5 pm

6 pm

7 pm

8 pm

9 pm

notas

«Y todo lo que hagan, de palabra o de obra, háganlo en el nombre del Señor Jesús, dando gracias a Dios el Padre por medio de él».

COLOSENSES 3:17, NVI

21 · *sábado*

PRIORIDADES

NOVIEMBRE 2026

D	L	M	M	J	V	S
1	2	3	4	5	6	7
8	9	10	11	12	13	14
15	16	17	18	19	20	21
22	23	24	25	26	27	28
29	30					

7 am
8 am
9 am
10 am
11 am
12 am
1 pm
2 pm
3 pm
4 pm
5 pm
6 pm
7 pm
8 pm
9 pm

notas

«Ahora bien, el Señor es el Espíritu, y donde está el Espíritu del Señor, allí hay libertad».

2 CORINTIOS 3:17, NVI

domingo
22

NOVIEMBRE 2026

D	L	M	M	J	V	S
1	2	3	4	5	6	7
8	9	10	11	12	13	14
15	16	17	18	19	20	21
22	23	24	25	26	27	28
29	30					

PRIORIDADES

7 am

8 am

9 am

10 am

11 am

12 am

1 pm

2 pm

3 pm

4 pm

5 pm

6 pm

7 pm

8 pm

9 pm

notas

«De ti proceden la riqueza y el honor;
tú lo gobiernas todo. En tus manos
están la fuerza y el poder; y eres tú
quien engrandece y fortalece a todos».

1 CRÓNICAS 29:12, NVI

23 — *lunes*

PRIORIDADES

NOVIEMBRE 2026

D	L	M	M	J	V	S
1	2	3	4	5	6	7
8	9	10	11	12	13	14
15	16	17	18	19	20	21
22	23	24	25	26	27	28
29	30					

7 am
8 am
9 am
10 am
11 am
12 am
1 pm
2 pm
3 pm
4 pm
5 pm
6 pm
7 pm
8 pm
9 pm

notas

«Pero yo siempre tendré esperanza
y más y más te alabaré».

SALMO 71:14, NVI

martes
24

PRIORIDADES

7 am

8 am

9 am

10 am

11 am

12 am

1 pm

2 pm

3 pm

4 pm

5 pm

6 pm

7 pm

8 pm

9 pm

notas

«Y esta es la confianza que tenemos
en él, que si pedimos alguna cosa
conforme a su voluntad, él nos oye».

1 JUAN 5:14, RVR60

25 *miércoles*

PRIORIDADES

NOVIEMBRE 2026

D	L	M	M	J	V	S
1	2	3	4	5	6	7
8	9	10	11	12	13	14
15	16	17	18	19	20	21
22	23	24	25	26	27	28
29	30					

7 am

8 am

9 am

10 am

11 am

12 am

1 pm

2 pm

3 pm

4 pm

5 pm

6 pm

7 pm

8 pm

9 pm

notas

«Benditos son los que confían en el Señor y han hecho que el Señor sea su esperanza y confianza».

JEREMÍAS 17:7, NTV

jueves

26

NOVIEMBRE 2026

D	L	M	M	J	V	S
1	2	3	4	5	6	7
8	9	10	11	12	13	14
15	16	17	18	19	20	21
22	23	24	25	26	27	28
29	30					

PRIORIDADES

7 am

8 am

9 am

10 am

11 am

12 am

1 pm

2 pm

3 pm

4 pm

5 pm

6 pm

7 pm

8 pm

9 pm

notas

«Yo soy el Señor tu Dios, que
te enseña lo que te conviene,
que te guía por el camino en
que debes andar».

ISAÍAS 48:17, NVI

27 *viernes*

PRIORIDADES

7 am

8 am

9 am

10 am

11 am

12 am

1 pm

2 pm

3 pm

4 pm

5 pm

6 pm

7 pm

8 pm

9 pm

notas

«Arraigados y edificados en él, confirmados en la fe como se les enseñó y llenos de gratitud».

COLOSENSES 2:7, NVI

sábado

28

NOVIEMBRE 2026

D	L	M	M	J	V	S
1	2	3	4	5	6	7
8	9	10	11	12	13	14
15	16	17	18	19	20	21
22	23	24	25	26	27	28
29	30					

PRIORIDADES

7 am

8 am

9 am

10 am

11 am

12 am

1 pm

2 pm

3 pm

4 pm

5 pm

6 pm

7 pm

8 pm

9 pm

notas

«Por la fe entendemos que el universo
fue formado por la palabra de Dios,
de modo que lo visible no provino
de lo que se ve».

HEBREOS 11:3, NVI

29

domingo

PRIORIDADES

NOVIEMBRE 2026

D	L	M	M	J	V	S
1	2	3	4	5	6	7
8	9	10	11	12	13	14
15	16	17	18	19	20	21
22	23	24	25	26	27	28
29	30					

7 am

8 am

9 am

10 am

11 am

12 am

1 pm

2 pm

3 pm

4 pm

5 pm

6 pm

7 pm

8 pm

9 pm

notas

«Jesús respondió: "Pero aún más bendito es todo el que escucha la palabra de Dios y la pone en práctica"».

LUCAS 11:28, NTV

lunes
30

NOVIEMBRE 2026

D	L	M	M	J	V	S
1	2	3	4	5	6	7
8	9	10	11	12	13	14
15	16	17	18	19	20	21
22	23	24	25	26	27	28
29	30					

PRIORIDADES

....

....

....

....

7 am

8 am

9 am

10 am

11 am

12 am

1 pm

2 pm

3 pm

4 pm

5 pm

6 pm

7 pm

8 pm

9 pm

notas

«Crea en mí, oh Dios, un
corazón limpio y renueva
un espíritu firme dentro de mí».

SALMO 51:10, NVI

notas

Diciembre

«¡Aleluya! Cuán bienaventurado es el hombre que teme al SEÑOR, que mucho se deleita en sus mandamientos».

SALMO 112:1, LBLA

Diciembre 2026

DOMINGO	LUNES	MARTES	MIÉRCOLES
		1	2
6	7	8	9
13	14	15	16
20	21	22	23
27	28	29	30

<table>
<tr><th>JUEVES</th><th>VIERNES</th><th>SÁBADO</th><th></th></tr>
<tr><td>3</td><td>4</td><td>5</td><td></td></tr>
<tr><td>10</td><td>11</td><td>12</td><td></td></tr>
<tr><td>17</td><td>18</td><td>19</td><td></td></tr>
<tr><td>24</td><td>25</td><td>26</td><td></td></tr>
<tr><td>31</td><td></td><td></td><td></td></tr>
</table>

NOVIEMBRE 2026

D	L	M	M	J	V	S
1	2	3	4	5	6	7
8	9	10	11	12	13	14
15	16	17	18	19	20	21
22	23	24	25	26	27	28
29	30					

ENERO 2027

D	L	M	M	J	V	S
					1	2
3	4	5	6	7	8	9
10	11	12	13	14	15	16
17	18	19	20	21	22	23
24	25	26	27	28	29	30
31						

Plan mensual

PRIORIDADES DEL MES

OBJETIVOS PERSONALES

OBJETIVOS GENERALES

Presupuesto mensual

CUENTAS	FECHA	CANTIDAD	PAGO	BALANCE

TOTAL

01 *martes*

PRIORIDADES

		DICIEMBRE 2026				
D	L	M	M	J	V	S
		1	2	3	4	5
6	7	8	9	10	11	12
13	14	15	16	17	18	19
20	21	22	23	24	25	26
27	28	29	30	31		

- 7 am
- 8 am
- 9 am
- 10 am
- 11 am
- 12 am
- 1 pm
- 2 pm
- 3 pm
- 4 pm
- 5 pm
- 6 pm
- 7 pm
- 8 pm
- 9 pm

notas

«Dios envió a su Hijo, nacido de una mujer, nacido bajo la Ley, para rescatar a los que estaban bajo la Ley, a fin de que fuéramos adoptados como hijos».

GÁLATAS 4:4-5, NVI

miércoles

02

DICIEMBRE 2026

D	L	M	M	J	V	S
		1	2	3	4	5
6	7	8	9	10	11	12
13	14	15	16	17	18	19
20	21	22	23	24	25	26
27	28	29	30	31		

PRIORIDADES

7 am

8 am

9 am

10 am

11 am

12 am

1 pm

2 pm

3 pm

4 pm

5 pm

6 pm

7 pm

8 pm

9 pm

notas

«Que tu amor inagotable
nos rodee, Señor, porque solo
en ti está nuestra esperanza».

SALMO 33:22, NTV

03 *jueves*

PRIORIDADES

DICIEMBRE 2026

D	L	M	M	J	V	S
		1	2	3	4	5
6	7	8	9	10	11	12
13	14	15	16	17	18	19
20	21	22	23	24	25	26
27	28	29	30	31		

7 am

8 am

9 am

10 am

11 am

12 am

1 pm

2 pm

3 pm

4 pm

5 pm

6 pm

7 pm

8 pm

9 pm

notas

«El Señor está conmigo como un guerrero poderoso; por eso los que me persiguen caerán y no podrán prevalecer».

JEREMÍAS 20:11, NVI

viernes

04

DICIEMBRE 2026

D	L	M	M	J	V	S
		1	2	3	4	5
6	7	8	9	10	11	12
13	14	15	16	17	18	19
20	21	22	23	24	25	26
27	28	29	30	31		

PRIORIDADES

7 am

8 am

9 am

10 am

11 am

12 am

1 pm

2 pm

3 pm

4 pm

5 pm

6 pm

7 pm

8 pm

9 pm

notas

«El Señor es mi roca, mi fortaleza
y mi salvador; mi Dios es mi roca,
en quien encuentro protección».

SALMO 18:2, NTV

05 sábado

PRIORIDADES

DICIEMBRE 2026

D	L	M	M	J	V	S
		1	2	3	4	5
6	7	8	9	10	11	12
13	14	15	16	17	18	19
20	21	22	23	24	25	26
27	28	29	30	31		

7 am

8 am

9 am

10 am

11 am

12 am

1 pm

2 pm

3 pm

4 pm

5 pm

6 pm

7 pm

8 pm

9 pm

notas

«El Señor ayuda a los caídos
y levanta a los que están
agobiados por sus cargas».

SALMO 145:14, NTV

domingo **06**

DICIEMBRE 2026

D	L	M	M	J	V	S
		1	2	3	4	5
6	7	8	9	10	11	12
13	14	15	16	17	18	19
20	21	22	23	24	25	26
27	28	29	30	31		

PRIORIDADES

7 am

8 am

9 am

10 am

11 am

12 am

1 pm

2 pm

3 pm

4 pm

5 pm

6 pm

7 pm

8 pm

9 pm

notas

«No dejen que el mal los venza,
más bien venzan el mal
haciendo el bien».

ROMANOS 12:21, NTV

07 *lunes*

PRIORIDADES

DICIEMBRE 2026

D	L	M	M	J	V	S
		1	2	3	4	5
6	7	8	9	10	11	12
13	14	15	16	17	18	19
20	21	22	23	24	25	26
27	28	29	30	31		

7 am

8 am

9 am

10 am

11 am

12 am

1 pm

2 pm

3 pm

4 pm

5 pm

6 pm

7 pm

8 pm

9 pm

notas

«Tú eres mi escondite
y mi escudo; en tu palabra
he puesto mi esperanza».

SALMO 119:114, NVI

martes

08

DICIEMBRE 2026

D	L	M	M	J	V	S
		1	2	3	4	5
6	7	8	9	10	11	12
13	14	15	16	17	18	19
20	21	22	23	24	25	26
27	28	29	30	31		

PRIORIDADES

7 am

8 am

9 am

10 am

11 am

12 am

1 pm

2 pm

3 pm

4 pm

5 pm

6 pm

7 pm

8 pm

9 pm

notas

«El Señor se mantiene lejos de los impíos, pero escucha las oraciones de los justos».

PROVERBIOS 15:29, NVI

09 — *miércoles*

PRIORIDADES

DICIEMBRE 2026

D	L	M	M	J	V	S
		1	2	3	4	5
6	7	8	9	10	11	12
13	14	15	16	17	18	19
20	21	22	23	24	25	26
27	28	29	30	31		

- 7 am
- 8 am
- 9 am
- 10 am
- 11 am
- 12 am
- 1 pm
- 2 pm
- 3 pm
- 4 pm
- 5 pm
- 6 pm
- 7 pm
- 8 pm
- 9 pm

notas

«Así que, ¡sean fuertes y valientes, ustedes los que ponen su esperanza en el Señor!».

SALMO 31:24, NTV

jueves

10

PRIORIDADES

7 am

8 am

9 am

10 am

11 am

12 am

1 pm

2 pm

3 pm

4 pm

5 pm

6 pm

7 pm

8 pm

9 pm

notas

«Dios, quien comenzó la buena obra en ustedes, la continuará hasta que quede completamente terminada el día que Cristo Jesús vuelva».

FILIPENSES 1:6, NTV

11 viernes

PRIORIDADES

DICIEMBRE 2026

D	L	M	M	J	V	S
		1	2	3	4	5
6	7	8	9	10	11	12
13	14	15	16	17	18	19
20	21	22	23	24	25	26
27	28	29	30	31		

7 am

8 am

9 am

10 am

11 am

12 am

1 pm

2 pm

3 pm

4 pm

5 pm

6 pm

7 pm

8 pm

9 pm

notas

«Le dijo Jesús: Yo soy la resurrección
y la vida; el que cree en mí,
aunque esté muerto, vivirá».

JUAN 11:25, RVR60

sábado **12**

DICIEMBRE 2026

D	L	M	M	J	V	S
		1	2	3	4	5
6	7	8	9	10	11	12
13	14	15	16	17	18	19
20	21	22	23	24	25	26
27	28	29	30	31		

PRIORIDADES

7 am

8 am

9 am

10 am

11 am

12 am

1 pm

2 pm

3 pm

4 pm

5 pm

6 pm

7 pm

8 pm

9 pm

notas

«Si tu don es servir a otros,
sírvelos bien. Si eres maestro,
enseña bien».

ROMANOS 12:7, NTV

13   *domingo*

PRIORIDADES

7 am

8 am

9 am

10 am

11 am

12 am

1 pm

2 pm

3 pm

4 pm

5 pm

6 pm

7 pm

8 pm

9 pm

notas

«Con paciencia esperé que el Señor
me ayudara, y él se fijó en mí
y oyó mi clamor».

SALMO 40:1, NTV

lunes
14

DICIEMBRE 2026

D	L	M	M	J	V	S
		1	2	3	4	5
6	7	8	9	10	11	12
13	14	15	16	17	18	19
20	21	22	23	24	25	26
27	28	29	30	31		

PRIORIDADES

7 am

8 am

9 am

10 am

11 am

12 am

1 pm

2 pm

3 pm

4 pm

5 pm

6 pm

7 pm

8 pm

9 pm

notas

«Espero al Señor, lo espero con toda el alma; en su palabra he puesto mi esperanza».

SALMO 130:5, NVI

15 *martes*

PRIORIDADES

DICIEMBRE 2026

D	L	M	M	J	V	S
		1	2	3	4	5
6	7	8	9	10	11	12
13	14	15	16	17	18	19
20	21	22	23	24	25	26
27	28	29	30	31		

7 am
8 am
9 am
10 am
11 am
12 am
1 pm
2 pm
3 pm
4 pm
5 pm
6 pm
7 pm
8 pm
9 pm

notas

«Recita siempre el libro de
la Ley y medita en él de día
y de noche; cumple con cuidado
todo lo que en él está escrito.
Así prosperarás y tendrás éxito».

JOSUÉ 1:8, NVI

miércoles
16

DICIEMBRE 2026

D	L	M	M	J	V	S
		1	2	3	4	5
6	7	8	9	10	11	12
13	14	15	16	17	18	19
20	21	22	23	24	25	26
27	28	29	30	31		

PRIORIDADES

7 am

8 am

9 am

10 am

11 am

12 am

1 pm

2 pm

3 pm

4 pm

5 pm

6 pm

7 pm

8 pm

9 pm

notas

«Dichoso quien pone su confianza en
el Señor y no recurre a los soberbios
ni a los que se pierden tras la mentira».

SALMO 40:4, NVI

17 *jueves*

PRIORIDADES

DICIEMBRE 2026

D	L	M	M	J	V	S
		1	2	3	4	5
6	7	8	9	10	11	12
13	14	15	16	17	18	19
20	21	22	23	24	25	26
27	28	29	30	31		

7 am
8 am
9 am
10 am
11 am
12 am
1 pm
2 pm
3 pm
4 pm
5 pm
6 pm
7 pm
8 pm
9 pm

notas

«Jehová ama la rectitud, y no desampara a sus santos. Para siempre serán guardados; mas la descendencia de los impíos será destruida».

SALMO 37:28, RVR60

viernes

18

DICIEMBRE 2026

D	L	M	M	J	V	S
		1	2	3	4	5
6	7	8	9	10	11	12
13	14	15	16	17	18	19
20	21	22	23	24	25	26
27	28	29	30	31		

PRIORIDADES

7 am

8 am

9 am`

10 am

11 am

12 am

1 pm

2 pm

3 pm

4 pm

5 pm

6 pm

7 pm

8 pm

9 pm

notas

«He aquí que yo les traeré sanidad y medicina; y los curaré, y les revelaré abundancia de paz y de verdad».

JEREMÍAS 33:6, RVR60

19 — *sábado*

PRIORIDADES

DICIEMBRE 2026

D	L	M	M	J	V	S
		1	2	3	4	5
6	7	8	9	10	11	12
13	14	15	16	17	18	19
20	21	22	23	24	25	26
27	28	29	30	31		

7 am

8 am

9 am

10 am

11 am

12 am

1 pm

2 pm

3 pm

4 pm

5 pm

6 pm

7 pm

8 pm

9 pm

notas

«Pues no me avergüenzo de la
Buena Noticia acerca de Cristo,
porque es poder de Dios en acción
para salvar a todos los que creen».

ROMANOS 1:16, NTV

domingo **20**

DICIEMBRE 2026

D	L	M	M	J	V	S
		1	2	3	4	5
6	7	8	9	10	11	12
13	14	15	16	17	18	19
20	21	22	23	24	25	26
27	28	29	30	31		

PRIORIDADES

7 am

8 am

9 am

10 am

11 am

12 am

1 pm

2 pm

3 pm

4 pm

5 pm

6 pm

7 pm

8 pm

9 pm

notas

«Aunque el buen consejo esté en lo profundo del corazón, la persona con entendimiento lo extraerá».

PROVERBIOS 20:5, NTV

21 *lunes*

PRIORIDADES

DICIEMBRE 2026

D	L	M	M	J	V	S
		1	2	3	4	5
6	7	8	9	10	11	12
13	14	15	16	17	18	19
20	21	22	23	24	25	26
27	28	29	30	31		

7 am

8 am

9 am

10 am

11 am

12 am

1 pm

2 pm

3 pm

4 pm

5 pm

6 pm

7 pm

8 pm

9 pm

notas

«Así que no temas, porque yo estoy
contigo; no te angusties, porque yo
soy tu Dios. Te fortaleceré y te ayudaré;
te sostendré con la diestra de mi justicia».

ISAÍAS 41:10, NVI

martes

22

DICIEMBRE 2026

D	L	M	M	J	V	S
		1	2	3	4	5
6	7	8	9	10	11	12
13	14	15	16	17	18	19
20	21	22	23	24	25	26
27	28	29	30	31		

PRIORIDADES

7 am
8 am
9 am
10 am
11 am
12 am
1 pm
2 pm
3 pm
4 pm
5 pm
6 pm
7 pm
8 pm
9 pm

notas

«Toda palabra de Dios es limpia;
él es escudo a los que en él esperan».

PROVERBIOS 30:5, RVR60

23 miércoles

PRIORIDADES

DICIEMBRE 2026

D	L	M	M	J	V	S
		1	2	3	4	5
6	7	8	9	10	11	12
13	14	15	16	17	18	19
20	21	22	23	24	25	26
27	28	29	30	31		

7 am

8 am

9 am

10 am

11 am

12 am

1 pm

2 pm

3 pm

4 pm

5 pm

6 pm

7 pm

8 pm

9 pm

notas

«Señor, hazme conocer tus caminos;
y enséñame tus sendas. Encamíname
en tu verdad. Y enséñame, porque
tú eres mi Dios y mi salvación».

SALMO 25:4-5, NVI

jueves **24**

DICIEMBRE 2026

D	L	M	M	J	V	S
		1	2	3	4	5
6	7	8	9	10	11	12
13	14	15	16	17	18	19
20	21	22	23	24	25	26
27	28	29	30	31		

PRIORIDADES

7 am

8 am

9 am

10 am

11 am

12 am

1 pm

2 pm

3 pm

4 pm

5 pm

6 pm

7 pm

8 pm

9 pm

notas

«Escucha el consejo, y recibe
la corrección, para que seas sabio
en tu vejez».

PROVERBIOS 19:20, RVR60

25 · *viernes*

PRIORIDADES

DICIEMBRE 2026

D	L	M	M	J	V	S
		1	2	3	4	5
6	7	8	9	10	11	12
13	14	15	16	17	18	19
20	21	22	23	24	25	26
27	28	29	30	31		

7 am

8 am

9 am

10 am

11 am

12 am

1 pm

2 pm

3 pm

4 pm

5 pm

6 pm

7 pm

8 pm

9 pm

notas

«Hoy ha nacido en la Ciudad
de David un Salvador,
que es Cristo el Señor».

LUCAS 2:11, NVI

sábado
26

DICIEMBRE 2026

D	L	M	M	J	V	S
		1	2	3	4	5
6	7	8	9	10	11	12
13	14	15	16	17	18	19
20	21	22	23	24	25	26
27	28	29	30	31		

PRIORIDADES

7 am

8 am

9 am

10 am

11 am

12 am

1 pm

2 pm

3 pm

4 pm

5 pm

6 pm

7 pm

8 pm

9 pm

notas

«Mas el que persevere hasta el fin,
este será salvo».

MATEO 24:13, RVR60

27 · domingo

PRIORIDADES

DICIEMBRE 2026

D	L	M	M	J	V	S
		1	2	3	4	5
6	7	8	9	10	11	12
13	14	15	16	17	18	19
20	21	22	23	24	25	26
27	28	29	30	31		

7 am

8 am

9 am

10 am

11 am

12 am

1 pm

2 pm

3 pm

4 pm

5 pm

6 pm

7 pm

8 pm

9 pm

notas

«Él se entregó por nosotros para rescatarnos de toda maldad y purificar para sí un pueblo elegido, dedicado a hacer el bien».

TITO 2:14, NVI

lunes

28

DICIEMBRE 2026

D	L	M	M	J	V	S
		1	2	3	4	5
6	7	8	9	10	11	12
13	14	15	16	17	18	19
20	21	22	23	24	25	26
27	28	29	30	31		

PRIORIDADES

7 am

8 am

9 am

10 am

11 am

12 am

1 pm

2 pm

3 pm

4 pm

5 pm

6 pm

7 pm

8 pm

9 pm

notas

«El corazón alegre hermosea el rostro; mas por el dolor del corazón el espíritu se abate».

PROVERBIOS 15:13, RVR60

29 martes

PRIORIDADES

DICIEMBRE 2026

D	L	M	M	J	V	S
		1	2	3	4	5
6	7	8	9	10	11	12
13	14	15	16	17	18	19
20	21	22	23	24	25	26
27	28	29	30	31		

7 am

8 am

9 am

10 am

11 am

12 am

1 pm

2 pm

3 pm

4 pm

5 pm

6 pm

7 pm

8 pm

9 pm

notas

«Entonces claman a Jehová
en su angustia, y los libra
de sus aflicciones».

SALMO 107:28, RVR60

miércoles
30

DICIEMBRE 2026

D	L	M	M	J	V	S
		1	2	3	4	5
6	7	8	9	10	11	12
13	14	15	16	17	18	19
20	21	22	23	24	25	26
27	28	29	30	31		

PRIORIDADES

7 am

8 am

9 am

10 am

11 am

12 am

1 pm

2 pm

3 pm

4 pm

5 pm

6 pm

7 pm

8 pm

9 pm

notas

«Así dice el SEÑOR de los Ejércitos, el Dios de Israel: "Corrijan su conducta y sus acciones y yo los dejaré vivir en este lugar"».

JEREMÍAS 7:3, NVI

31   *jueves*

PRIORIDADES

		DICIEMBRE 2026				
D	L	M	M	J	V	S
		1	2	3	4	5
6	7	8	9	10	11	12
13	14	15	16	17	18	19
20	21	22	23	24	25	26
27	28	29	30	31		

7 am

8 am

9 am

10 am

11 am

12 am

1 pm

2 pm

3 pm

4 pm

5 pm

6 pm

7 pm

8 pm

9 pm

notas

«Cuentas con una esperanza futura, la cual no será destruida».

PROVERBIOS 23:18, NVI

notas

notas

notas

notas

Motivos para
agradecer